ビジネス
コミュニケーション
のための**ケース学習**

職場のダイバーシティで学び合う

【**教材編2**】

近藤彩・金孝卿・池田玲子 著

はじめに

　本書は、先に出版した『ビジネスコミュニケーションのためのケース学習—職場のダイバーシティで学び合う【教材編】』の続編です。先の出版から6年後の今現在に目を向けると、当時の予想どおり、あるいは予想以上に日本や日本を取り巻く周辺社会のグローバル化は、ますます加速度を増しています。

　2018年度厚生労働省の統計によれば、日本国内で働く外国人労働者数は2007年に届け出が義務化されて以来、過去最大の約146万人と報告されています。おそらく、外国人を雇用していない企業のほうが稀だという時代は、それほど遠い将来ではないのかもしれません。しかも、こうした現象は日本だけではなく、世界的な変化となって拡大しています。とりわけ、日本から地理的に近く、文化を共有する部分の多いアジアの国々は、経済・文化・教育など多様な分野で日本との交流が活発化しています。そもそも、国際交流によってそれぞれの国にもたらされるものは何かといえば、自国に不足した部分の補強であったり、さらなる発展であったり、新たな恩恵が共有できることだといえます。だからこそ、国際交流には大きな期待が寄せられ、各国は積極的に進めていこうとするのです。個人間の交流も同様です。価値観が大きく異なる相手との交流には、予想外のことばかりが起きるものです。けれども、その違いがあるからこそ予想以上のものが生み出される可能性も大きいのでしょう。

　しかしながら、異文化同士の交流場面には、お互いが予期せぬ異文化衝突も避けられません。お互いが、長い歴史の中で作られてきた社会で、それぞれの文化・習慣・価値観の中で育った人であるがために、異文化同士の関わりにはどうしてもその違いが要因となった衝突が起きてしまいます。極端な言い方をするならば、一方の人にとって賞賛すべきことが、異文化の相手にとっては何の価値もない、あるいは否定すべきことの場合もあるということです。各自が持つ物差しの違いをそのままにして交流を続けていけば、本来ならば期待できるはずの発展を停滞させ、断絶させ、と

もすればさらに深刻な衝突への引き金となるかもしれません。だからといって、これから起きるかもしれない衝突場面の予想など、事前には立てようもなく、さらに、これまで個々の場面で有効だった防御策や解決方法が今後にも有用性があるとは言えません。ならば、教育の視点からは、こうした予測不可能な異文化衝突の課題にどう対応できるのでしょうか。

　教師たちがすべきことは、あらゆる衝突に対処していこうとする学び手自身の態度を育てることであり、学び手自身が自分と他者との協働によって問題解決策を検討していくための社会（人間）環境をつくりだす能力を育成することではないでしょうか。筆者らは、この能力を「協働力」と呼び、協働力育成のための学習が「ケース学習」によって実現できると確信しています。

　本書は、ピア・ラーニング（協働学習）の概念に基づく「ケース学習」のための教材です。「ケース学習」とは何かについては、すでに『ビジネスコミュニケションのためのケース学習―職場のダイバーシティで学び合う【解説編】』（2015年）で説明しました。ここで、もう一度簡単に説明するならば、「ケース学習」とは、他者との関わりの中で起きた衝突場面が描かれたケース教材をもとに、そこにある問題の本質を探り、その解決策を他者との討論を通じて、他者と協働しながら見出していく学習です。なお、本書の各ケースは、筆者らが国内外で行ったインタビュー調査から得た現実のトラブルエピソードをもとに、ケース教材として作成したものです。

　日本語教育で開発された「ケース学習」は、主に二つの教育方法をもとにしています。一つは、ハーバード大学で開発されたMBAコースのための「ケース・メソッド授業」です。日本では、1956年に慶應義塾大学MBAコースが最初に取り入れ、その後は現在までに他の多くの大学でも採用されるようになっています。もう一つは、日本語教育において1990年代から実践されてきた「対話的問題提起学習」です。この「対話的問題提起学習」は、ブラジルの識字教育やユネスコの教育に採用されたパウロ・フレイレの教育理論に基づき、アメリカの移民教育の実践家であるウォーレンシュタインがESL（English as a Foreign Language）教室のために考案した教育方法です。学び手の現実を教材とし、学習言語によるグループディスカッションを通じて、現実を批判的視点でとらえていく学習活動です。

教室で問題提起した一人の学び手の現実に、他の学び手たちが関わることで、教室の学び手たちそれぞれが自らの問題解決策を探り出していく授業です。主体的学習、協働力、問題解決力、異文化理解力を養うことを目指した学習方法です。

これら二つの教育方法をもとに開発した「ケース学習」は、グローバル社会に生きていく学び手同士が、対話を通じて、お互いを知り、理解し、協働することで、新たな価値創造をしていくことをねらいとした学習方法です。

本書は日本語教育だけでなく、外国人の雇用を推進している企業での研修、あるいは企業への就職を目指す高校生、専門学校や大学などの学生たちを対象とするビジネス教育や大学でのグローバル教育にも有効だと考えられ、実際に使用されています。また、本書を使用した授業は、より理想的には、授業を行う教室自体がダイバーシティであることです。ケース教材をもとにした異文化同士のディスカッションに参加することで、リアルな異文化衝突体験と問題解決プロセス体験ができるからです。

Introduction

This book is a sequel to *Case-based Learning for Business Communication: Exploring Workplace Diversity [Learner's Book]* published earlier. Looking at the current situation six years after the previous publication, the globalization of Japan and the surrounding society has accelerated more than expected at that time.

The Ministry of Health, Labour and Welfare reported in 2018 that the number of foreign laborers working in Japan was the highest ever, with approximately 1.46 million since 2007, when reporting such statistics became mandatory. It may not be long before a majority of companies employ foreign workers. Such a phenomenon has been seen more frequently not only in Japan, but also in the rest of the world, especially Asia, which is geographically close to and shares many cultural aspects with Japan, including strong ties in the various areas of economics and education. From the start, we believe that international exchanges would reinforce what is lacking in the country, encourage further development, and share new benefits. For this reason, countries have great expectations for international exchanges and are actively engaged in the process. This is also true for interactions between individuals—interaction between those with different values often involves unexpected challenges, but more than that, they are likely to benefit from the exchange.

However, when interacting with people from different cultures, we cannot avoid unexpected conflicts owing to differences. Because we are brought up in different societies that developed their respective cultures, customs, and values over the course of their histories, we face conflict caused by such differences when associating with people that have different cultural perspectives. To speak of extremes, what earns praise from one may not hold much value to another or may appear suspicious. If we continue to associate with others from different cultures without changing our own viewpoints, the prospective relationships that develop may stagnate, break down, and, in the worst case, cause conflict. However, we would not be able to predict potential future conflicts and it is not necessarily true that preventive measures and solutions that have been effective in individual scenarios thus far would be useful for future scenarios. From an educational perspective, how can we address such unpredictable conflicts caused by cultural differences?

Teachers must develop students' attitude of trying to address conflicts and nurture the ability to create a social (human) environment that allows them to consider solutions to issues by collaborating with others. The authors of this book call this *collaboration ability* and believe that it can be developed through case-based learning.

This book is part of the learning materials for case based-learning based on the concept of peer learning. Case based-learning have already been described in *Case-based Learning for Business Communication: Exploring Workplace Diversity [Teacher's Guide]* (2015). To provide a brief explanation, case based-learning explore the nature of a problem and come up with solutions by collaborating with others through discussions based on the case materials that includes conflicts associated with interactions with others. The case based-learning included in this book have been developed as materials based on true stories about awkward experiences obtained through interviews conducted in Japan and overseas by the authors.

The case based-learning developed for originally Japanese language education are based on two major teaching methods. One is the "Case Method" developed for the MBA program of the Harvard Business School. The method was first introduced into the MBA program at Keio University in 1956 and has been adopted by many other universities in Japan. Another method is the interactive "Problem-posing Education" that has been practiced since the 1990s for Japanese language education. Interactive "Problem-posing Education" is an educational method developed by Nina Wallerstein, an educator who taught English as a Foreign Language (ESL) to immigrants, which was based on Paulo Freire's theory of education adopted for literacy education in Brazil and UNESCO's educational programs. Problem-posing learning activities encourage students to perceive reality from a critical perspective by using actual student cases for group discussions in the language they are studying. In the class, students raise real world issues, other students work on this actual case, and each student explores different solutions. This learning method aims to develop proactive learning, collaboration, problem solving skills, and cross-cultural understanding in the students.

The case-based learning developed from these two educational methods is a learning approach that learners living in a global society to develop new values by knowing, understanding, and collaborating with each other through group interactions.

This book is thought to be effective and in actual use in Japanese language education, training provided by companies that employ foreign workers, business education programs intended for high school, college, and university students who will work for companies, and global education programs at universities. Ideally, classes that use this book should be diverse so that students can experience real cross-cultural conflicts and the problem-solving process by participating in cross-cultural discussions that use the case materials.

003 はじめに

009 ケース学習を実施する教師の皆様へ

018 CASE 01
豚肉は入っていますか

026 CASE 02
急に先輩の仕事をふられるとは

034 CASE 03
本当に近すぎる？

042 CASE 04
私は会社から何を期待されているの？

050 CASE 05
あと4分なのに！

058 CASE 06
思ったより会社が遠いので

066 CASE 07
結婚しても働くの？

074 CASE 08
仕事の能力を上げたいのに

082 CASE 09
質問に答えてほしいだけなのに……

090 CASE 10
板ばさみ

巻末付録

098 英語版CASE
CASE 1 Does this meat bun contain pork?
CASE 2 Why am I doing my senior colleague's work?
CASE 3 Was I too close?
CASE 4 What does the company expect of me?
CASE 5 Only four minutes left!
CASE 6 Because the company is farther away than I thought!
CASE 7 Are you going to continue working after you get married?
CASE 8 I want to improve my work competency!
CASE 9 I just want a straightforward answer...
CASE 10 Caught in a dilemma

ケース学習を実施する
教師の皆様へ

（1） ピア・ラーニング（協働学習）の教師の役割

　「ケース学習」を実施する場合、教師は知識を教える人ではなく、学習者の学習を支援する役割を担うことになります。また、教師自身も学び手の一人であるという意識を持ってほしいです。ケース学習が基づくピア・ラーニングの考え方は、学び手同士の主体的かつ協働的な学習が教室で展開されるとき、教師もまた学び手の一人として学習環境にいる存在だからです。

　従来型の教師主導の教育では、学習のゴールは教師が設定し、そのゴールに向かって学習者たちをうまく導くのが教師の役割でした。予め学習者に必要だとされる知識を用意しておき、それらを効率よく伝え、定着させる教師が有能な教師でした。それは、教師自身が描く理想像に学習者が近づくことが成長だと考えたからです。

　一方、ピア・ラーニングの教師は、学習者自身が理想とする自分像に近づくために仲間と協働しながら、課題を探求していける学び手となることを成長と考えます。ここでの教師は学習者の学習を支援していく人なのです。また、ピア・ラーニングの教師は学習者の学びの支援者であるだけでなく、自らも主体的に協働の学びに参加する学び手です。だから、ピア・ラーニング授業では、教師と学習者が協働して授業を創っていくことになります。教師が授業の「生産者」で、学習者がその「消費者」であるという従来の構図を壊し、双方ともに創り手であり、学び手となるのがピア・ラーニングの構図です。

　だからと言って、ピア・ラーニングの教師は学習について何もかも学習者に任せておけばいいというものではありません。「ケース学習」の教師

がやるべきことは、教室の授業の開始にも学習活動中も、また活動後にも学習の支援者としてやるべきことがあります。それはケース学習の授業デザインであり、対話活動中のファシリテートであり、活動後の内省活動の支援です。日本語教室であれば、言語学習としてさらに必要となる支援もあります。

—

（2）授業の流れ

　「ケース学習」の授業展開方法については、前教材で解説しました。展開例として、3つの例を示しましたので、これらを参考に授業デザインをしてください。

【例1】
1）アイスブレーキング　グループ分け　3分
2）ケース（本文）を各自が読み、タスクシートの問をもとに、今の自分の考えをメモしておく　12分
3）グループ討論　20分
4）全体共有から全体討論へ　20分
5）ディスカッションへのフィードバック　10分
6）ロールプレイ　10分
7）学習の振り返り　グループ内省から個人内省へ（内省シート記入）　15分

【例2】
1）使用するケースのトピックに関する情報共有（学習者が調べたことの報告）　10分
2）事前に読んでメモしてきたことをもとにグループ討論　20分
3）全体共有（グループ報告）　10分
4）全体討論　15分
5）ディスカッションへのフィーバック　10分
6）学習の振り返り　グループ内省から個人内省へ（内省シート記入）　15分

【例3】

1) 使用するケースのトピックに関するミニ講義　10分
2) ケースを読み、タスクシートの問いについて自分の考えをメモする
　　10分
3) グループ討論　20分
4) 全体共有　10分
5) 全体討論　10分
6) ディスカッションへのフィードバック　5分
7) ことばの学習　10分
8) 学習の振り返り　内省シート記入　15分

　上に示した授業の流れはほんの一例に過ぎません。ケース学習の授業デザインのバリエーションは無数にあると考えてください。ご自身の教室の学習者の言語レベル、学習者タイプ、既有情報、学習の進度などを考慮した授業デザインができると思います。以下に、授業の流れを考える際の工夫例をいくつか挙げてみますので、参考にしてみてください。

【事前学習を設定する】
　学生の言語レベルやケースの内容、量によって、事前課題としてケースを読んでこさせる場合もあります。本書には英語、中国語、韓国語訳付きの語彙リストが用意されています。それを参考にした予習を課しておくことで、授業当日にはより深いディスカッション参加ができると思います。

【学習活動を拡張する】
　一つのケースは基本的には大学の90分授業一コマで終れるものなのですが、実際のグループディスカッションが深くなったり、学習者が自分自身の近似体験を出し合ったりする場合には、一コマでは終わらず、次の授業でも扱うことにすれば、さらに深い討論の発展が期待できます。

【ケース裏側の使用を工夫する】
　学習の振り返りを行う場合、「ケースの裏側」を使うこともあります。実際のケースの登場者や状況のイメージがより詳細になり、より深い理解

につながると思います。また、自分の想像と事実が一致しなかった場合には、新たな疑問が浮かび上がり、さらに考えてみたくなるかもしれません。また、ケースの裏側は事前学習でも使用できると思います。

【背景となる知識を持たせる】

　ケースの読解の前に、ケースの背景となっている場の情報を提供するミニ講義を設定することもあります。例えば、日本の会社の一般的な仕組みや会社の業種分けにはどのようなものがあるかなどの情報提供の時間となります。こうした知識については、事前学習課題として調べさせておいてから教室で全体共有をするのが効果的ではないでしょうか。

【ことばの学習の時間を設定する】

　授業の振り返り後に「ことばの学習」の時間をつくり、ケース内で使用された語彙や表現についての学習時間を設定することもできます。このときには、ケースの文章についてだけでなく、学習者同士のディスカッション中に仲間が使っていた表現や語彙が気になり、それを教師に質問してくる学生もいるはずです。

【気持ちとことばの統合活動を設定する】

　全体討論の際に（あるいは後に）ロールプレイをしてみるのもおすすめです。学習者が当事者の立場で演じてみる活動を設定すれば、自分がその場に置かれたと想定して適切な日本語で摩擦を回避できるか、問題を解決できるかなど、いろいろと考えて演じてみることになります。教師は、この活動後に日本語の正確さはもちろんですが、「適切さ」に主眼を置いて、学習者が使用した日本語がふさわしいのかどうかをフィードバックしていきます。

【内省活動を効果的にする】

　内省シートは、できるだけ授業内で書かせるのがいいと思います。せっかく考えを深めても、時間が経つと記憶から薄れてしまいます。考えをまとめる材料が鮮明に学習者の頭の中にあるうちに、シートが書けるようにさせるのがいいと思います。ただ、学習者の書きの速度はそれぞれ違うの

で、どうしても授業内での完成が無理な場合には、授業後、あるいはその日のうちに、少なくとも翌日までには提出としたほうがいいと思います。

参考文献
池田玲子・舘岡洋子（2007）『ピア・ラーニング入門―創造的な学びのデザインのために』ひつじ書房
近藤彩・金孝卿・ムグダヤルディー・福永由佳・池田玲子（2013）『ビジネスコミュニケーションのためのケース学習―職場のダイバーシティで学び合う【教材編】』ココ出版
近藤彩・金孝卿・池田玲子（2015）『ビジネスコミュニケーションのためのケース学習―職場のダイバーシティで学び合う【解説編】』ココ出版

To teachers
who introduce case-based learning

（1） Teacher's role in peer learning

When introducing case-based learning, teachers do not simply impart knowledge, but rather serve to support student learning. Also, it is desirable for teachers to be aware that they are also students. According to the concept of peer learning, which the case-based learning is based on, the teacher is part of the learning environment as one of the students when proactive, collaborative learning is taking place in the classroom.

In the traditional teacher-driven educational system, the role of teachers was to set the learning goal and lead students to it. A competent teacher was one who prepared the required knowledge for students in advance and taught the students to acquire the knowledge efficiently. This traditional concept was supported because we believed that getting close to the ideal model that teachers had built was considered growth.

On the other hand, in peer learning, teachers consider growth to be when students get close to the ideal model that they built and can explore issues in collaboration with peers. In this approach, teachers provide support and assist the students as needed. At the same time, teachers are also students proactively participating in the collaborative learning process. Therefore, peer learning involves both the teacher and students developing classes while collaborating with each other. Peer learning has replaced the traditional learning structure, where teachers are producers and students are consumers; with the new system, both teachers and students are developers and learners.

However, in peer learning, teachers cannot simply leave everything related to learning to students. In case-based learning, teachers have explicit responsibilities as learning supporters when starting class, as well as during and after. Teachers are responsible for designing classes, facilitating interactive activities, and supporting review activities after interactive activities. In the Japanese language classroom, there is additional assistance required for language learning.

(2) Classroom design

Teaching strategies to deliver an effective lesson of case-based learning were explained in the first volume. Three lesson sequences are introduced as examples. Design the class by referring to the examples.

[Example 1]
1) Ice breaker: Divide students into groups (3 minutes)
2) Each student reads a case material (main text) and writes down his/her own interpretations based on questions in the task sheet (12 minutes)
3) Group discussion (20 minutes)
4) The class shares opinions and then discusses the topic (20 minutes)
5) Feedback on the discussion (10 minutes)
6) Role-playing (10 minutes)
7) Reflection (15 minutes)

[Example 2]
1) Information sharing on the topic of the case material (Report on what students studied in advance) (10 minutes)
2) Group discussion based on what students read and wrote down in advance (20 minutes)
3) Class sharing of opinions (Report to group) (10 minutes)
4) Class discussion (15 minutes)
5) Feedback on discussion (10 minutes)
6) Reflection (15 minutes)

[Example 3]
1) Short lecture on the topic of the case material (10 minutes)
2) Students read the case and write down interpretations to questions on a task sheet (10 minutes)
3) Group discussion (20 minutes)
4) Class sharing of opinions (10 minutes)
5) Class discussion (10 minutes)
6) Feedback on discussion (5 minutes)

7) Study of terms and vocabulary (10 minutes)
8) Reflection (15 minutes)

The above lesson sequences are just a few examples. Keep in mind that there are numerous variations in designing classes. Teachers can design their classes in consideration of the level of language proficiency, student type, information already known, and progress of learning. The following are clues to designing the class flow. Please refer to them.

[Assign preparation homework]
Teachers can have students read case materials as homework and as preparation for the next class depending on the level of language proficiency, details, and amount of case materials. The homework includes a vocabulary list with English, Chinese, and Korean translations. If teachers assign homework that requires students to refer to the list, students will be able to participate in deeper discussions in the class.

[Expand learning activities]
Basically one case materials is completed in each 90-minute class at university. However, if an actual group discussion becomes more in depth or when students provide their own experience similar to the case, teachers need not complete the case based-learning within the class period, but rather can extend the topic to the next class for further discussion.

[Use of the background to the case]
When we review the course, the background to the case is often used. This allows students to capture a more detailed and deeper understanding of the characters and the situation of the case. Also, if students think the actual case does not match their imagination, it may lead them to new questions and make them think further. The background to the case can be used for preparation and as homework.

[Allow students to acquire background knowledge]
Teachers can give a quick lecture to provide students with background information on the case before the readings. A short lecture is an opportunity for teachers to provide additional information—for example, the general system of Japanese companies and industries in Japan. Such knowledge is effective when

teachers have students based-learning the material in advance as homework and share the information in the actual class.

[Allocate time to learn terms and vocabulary]
Teachers can allocate time after the class review for students to learn the vocabulary and expressions used in the case. Other than the vocabulary used in the case, some students should ask the teacher about the expressions and vocabulary used in the discussion between students that they did not know.

[Set a comprehensive role-playing activity that uses the vocabulary]
It is recommended that teachers allow time for role playing within (or after) the class discussion. If a role-playing activity about the case is set for students, they can play the roles in the position of the case and consider ways to avoid conflict using proper Japanese and ways to solve the issues. After the activity, teachers provide feedback to students about whether proper Japanese was used focusing on accuracy and the adequacy of the language used.

[Effective reflection activities]
Teachers should have students fill out reflection sheets during class if possible. Even if they consider more in-depth ideas, such memories fade as time goes by. It is best to let students fill out the sheet when they still have clear memories of what was learned. Because writing speed differs from student to student, it might be impossible to complete the form in class. If that is the case, teachers should allow students to present it after class or during the day, or by the following day.

Ikeda, R. & Tateoka, Y. (2007) *Introduction to Peer Learning: For Design of Learning Creative.* Hitsuji Shobo.

Kondoh, A., Kim, H., Yardi, M., Fukunaga, Y., & Ikeda, R. (2013) *Case-based Learning for Business Communication: Exploring Workplace Diversity [Learner's book].* Coco Publishing.

Kondoh, A., Kim, H., & Ikeda, R. (2015) *Case-based Learning for Business Communication: Exploring Workplace Diversity [Teacher's guide].* Coco Publishing.

case 01
豚肉は入っていますか

　最近、私（ディニ）は「おもてなしの国」日本で、しかも、コスモポリタンの街であるはずの東京で、とても不愉快な驚きの体験をしました。今もその時のことを思い出すと、不愉快になります。

　私は母国から東京に移り住んで今年で5年目です。同国出身の夫と高校生と中学生の子どもがいます。私は今の会社で日本人と一緒に仕事をしています。大学生時代に日本に住んだことがあるので、日本の生活には慣れています。日本語は今N3＊合格を目指しています。漢字が弱いのですが、コミュニケーションにはあまり不自由を感じたことはありません。

　先日、銀座で買い物をしていた時、私の息子がおなかがすいたと言うので、コンビニでおまんじゅう（いわゆる「肉まん」）を買うことにしました。私たちはイスラム教徒です。ですから宗教的な理由から豚肉を食べることはできません。そこでコンビニの店員さんに、ケースの中に入っているおまんじゅうを指して「これには豚肉は入っていますか」と聞きました。すると店員の一人が「わかりません」と答えました。私は困ってしまいました。なぜ店員がわからないのだろうと不思議に思いながら、そこにあるおまんじゅうをひとつひとつ指さしながら、聞いてみることにしました。おまんじゅうにはいくつかの種類があったからです。

　「このカレーのは豚肉が入っていますか」。すると店員はまた「わかりません」と言うのです。では次はどうだろうと思いながら、隣の肉まんを指して、「これは豚肉が入っていますか」と聞きました。そこには店員が五人いましたが、どうやら五人とも留学生のアルバイトのように見えました。彼らは不思議そうな顔で、「わかりません」しか言わないので、私もだんだんイライラしてきました。おなかをすかせた息子のために、豚肉が入っていないおまんじゅうなら何でもよかったのです。豚肉が入っていないおまんじゅうを教えてもらいたいだけなのに、店員はわかってくれませんでした。アルバイトだからでしょうか。こんな基本的なことを知らないなんて信じられません。この店はどうなっているのでしょうか。上司であるマネージャーの姿は見えませんでした。そのとき、ある店員が隣の店員にこ

う言ったのです。「この人、怪しい」と。私は大変驚きました。私にもその日本語はわかります。だって、私はさっきから日本語で質問をしているのです。それなのに、私の前で「この人、怪しい」などと言うなんてどういうことでしょうか。

　この言葉には本当に腹が立ちました。ですから、「マネージャーはいませんか」と言いました。すると50代ぐらいのマネージャーが奥から出てきました。そして穏やかな態度で「すみませんでした。この店員たちは海外から来た人ですから——」と説明しました。

　東京はコスモポリタンの街です。東京のようなところで、私のような外国人を「怪しい」と言うなんて、とても信じられません。

　あのとき、「イスラム教徒で豚肉が食べられません。肉がだめです」と、そこまで言えばよかったのでしょうか。でも、自分が働く店で売っているおまんじゅうに豚肉が入っているかどうかも知らないなんて、おかしいと思います。もうあのコンビニには絶対に行きたくありません。いったい、あの店では店員にどんな教育をしているのでしょうか。日本はおもてなしの国ではないのでしょうか？

＊日本語能力試験のN3レベルのこと

語彙リスト

豚肉	ぶたにく	pork
入っている	はいっている	contain
おもてなし	おもてなし	hospitality
コスモポリタン	こすもぽりたん	cosmopolitan
不愉快な	ふゆかいな	unpleasant
驚きの体験	おどろきのたいけん	surprising experience
移り住む	うつりすむ	move to (Tokyo) from one's home country
出身	しゅっしん	come from
大学生時代	だいがくせいじだい	college days
～に慣れる	～になれる	get used to ～
3級（N3）	さんきゅう	Level 3 (Japanese Language Proficiency Test, N3)
合格	ごうかく	pass
～を目指す	～をめざす	aim to ～
～が弱い	～がよわい	be weak in ～
不自由を感じる	ふじゆうをかんじる	feel uncomfortable
おなかがすく	おなかがすく	get hungry
おまんじゅう	おまんじゅう	steamed bun/mantou
肉まん	にくまん	meat bun
イスラム教徒	いすらむきょうと	Muslim
宗教的な理由	しゅうきょうてきなりゆう	religious reason
コンビニの店員	こんびにのてんいん	sales clerk at a convenience store
指す	さす	point
困る	こまる	be in trouble
不思議に思う	ふしぎにおもう	wonder
ひとつひとつ指さす	ひとつひとつゆびさす	point one by one
種類	しゅるい	kind
カレー	かれー	curry
隣	となり	next to
留学生	りゅうがくせい	international students
アルバイト	あるばいと	pert-time job

ビジネスコミュニケーションのためのケース学習 【教材編2】

だんだんイライラ してきた	だんだんいらいら してきた	get annoyed gradually
〜なら何でもよかった	〜ならなんでもよかった	anything would be OK except (pork in bun)
基本的なこと	きほんてきなこと	basic matter
信じられない	しんじられない	incredible, unbelievable
どうなっているの でしょうか	どうなっているの でしょうか	what's going on?
上司	じょうし	boss, superior
マネージャー	まねーじゃー	manager
怪しい	あやしい	strange
腹が立つ	はらがたつ	get angry
奥	おく	inside (of the shop)
穏やかな態度	おだやかなたいど	gentle attitude
海外	かいがい	overseas
おかしいと思う	おかしいとおもう	feel strange
絶対に行きたくない	ぜったいにいきたくない	I'll never go again
教育	きょういく	training, instruction

タスクシート 📄

1. 話し合う前にまず、メモを作ってください。なお、(4)(5)は、登場人物の中から一番身近な人を一人選んで書いても構いません。

(1) それぞれの気持ちを考えてください。

私（ディニさん）の気持ち

アルバイトの店員の気持ち

マネージャーの気持ち

(2) この状況で何が問題だと考えますか。

(3) あなたにも似たような経験がありますか。その時、どのように行動しましたか。

(4) あなたがディニさん／アルバイトの店員／マネージャーだったら、このような場合どのように行動しますか。

CASE01　豚肉は入っていますか

(5) あなたがディニさん／アルバイトの店員／マネージャーに相談された場合、どのようなアドバイスをしますか。

2. クラスメートとペアになって（あるいはグループで）話し合ってみましょう。そして、話し合いの中で参考になる意見が出たり、新しい考えが浮かんだ場合はペンの色を変えてタスクシート（4）（5）に書き入れていってください。

3. 話し合いの内容を振り返ってください。何か気がついたことはありましたか。全体で意見交換をしてください（プライベートレッスンの場合は先生に報告してください）。

メモ

ケースの裏側

　このケースは、トルコ系のイスラム教信者の一人が語った日本での苦い体験をもとに書かれています。

　世界三大宗教（キリスト教、イスラム教、仏教）の一つであるイスラム教に礼拝、断食などの基本行為があることは、日本でも広く知られていますが、「ハラル」（神に許されている）の食事についてはあまり知られていません。イスラム教信者が日本で生活することになったとき、もっとも神経を使うのは毎日の食事なのです。ヒジャブ（イスラム教の女性が頭にかぶる布）を身にまとった女性が、店内で食品の袋や箱に表示されている説明書きを真剣に確認したり、店員に質問したりしている姿がよく見られます。日本国内で彼らが手にする食品は、イスラム教信者を考慮した表示の仕方や説明が十分ではありません。

　ケースに出てくるディニさんは、日本は「おもてなしの国」だから安心して住める場所だと期待して来日したため、このときの経験はショックだったそうです。店で売られている「肉まん」に豚肉が入っているのかどうかという重大なことを定員が知らないこと、おまけに店員に質問した自分が「怪しい人」にされてしまうのは、ディニさんにとって信じがたいことでした。

　あなたはディニさんが遭遇した場面についてどう思いますか。あなたがディニさんの立場なら、この先どのように日本で生活していけばいいと思いますか。また、ディニさんに相談されたら、あなたは何と言いますか。

case 02

急に先輩の仕事をふられるとは

　ある日、日本人上司の大野さんは、私（マイ）の先輩のメリッサさんに商品のカタログ一覧と発注書をエクセルで作るよう指示しました。しかしメリッサさんは他の仕事が山積みの状態でした。そのため、大野さんは、私にメリッサさんの仕事を引き継ぐようにとメールを送ってきました。私は心配を胸に大野さんの部屋へ行くことにしました。大野さんは不安げな私に、「メリッサさんにできるだけ手伝ってもらい、明日の11時までに仕上げてください」と言いました。メリッサさんは優しい人ですし、席も隣で、相談はしやすかったので、私は「わかりました」と言って自分の席に戻りました。

　実際に作業をしていると、わからないところが多かったので、たびたびメリッサさんに教えてもらいました。そして、なんとか残業はせずに指示された翌日の11時までに仕上げることができました。

　メリッサさんは大野さんのところへ作成したカタログ一覧と発注書を持っていきました。私は作業が終わりホッとしましたし、エクセルも前よりわかるようになったのでよかったとは思っていますが、一つ疑問に思うことがあります。

　この仕事があることはもっと前にわかっていたはずです。なぜ前日になって大野さんは指示を出したのでしょうか。メリッサさんは4年目で仕事量は多いです。私は新人で、まだエクセルでの作業に慣れていません。これらのことを大野さんはよく知っていたはずです。

　この仕事だけではありません。上司の中には、やる必要のある仕事（タスク）が見えているはずなのに、いつもぎりぎりに部下へ指示を出す人がいます。締め切りまでの時間的な余裕はありません。朝礼では、日本人の上司から締め切りを守るようにといつも言われます。締め切りは大切ですが、そのために適切な指示を出してくれないと私たち部下はとても困ります。とくに私は仕事についていくのは大変です。残業だってしたくありません。

　今回はなんとか大きな問題もなく作業を終わらせることができました。

しかし、この先も急に他の人の仕事をふられ、「急ぎで！」とせかされながらやっていかなければならないのでしょうか。計画性のない仕事に追いかけられていくのでしょうか。

語彙リスト

急に	きゅうに	at short notice
先輩	せんぱい	senior colleague
仕事をふる	しごとをふる	assign a task
上司	じょうし	boss, superior
商品のカタログ一覧	しょうひんのかたろぐいちらん	list of catalogue products
発注書	はっちゅうしょ	order sheet
エクセル	えくせる	Excel
指示する	しじする	order
仕事が山積み	しごとがやまづみ	a pile of work to do
～を引き継ぐ	～をひきつぐ	take over ～
心配を胸に	しんぱいをむねに	remain concern about
不安げな	ふあんげな	look worried
できるだけ	できるだけ	as much as possible
仕上げる	しあげる	finish, complete
優しい	やさしい	kind
席	せき	seat
相談しやすい	そうだんしやすい	easy to ask
席に戻る	せきにもどる	go back to one's seat
実際に	じっさいに	actually
たびたび教えてもらう	たびたびおしえてもらう	frequently ask someone for help
残業	ざんぎょう	overtime
翌日	よくじつ	the next day
作成する	さくせいする	make, prepare
ホッとする	ほっとする	feel relieved
疑問に思う	ぎもんにおもう	be doubtful
もっと前	もっとまえ	in advance
前日	ぜんじつ	the previous day
仕事量	しごとりょう	amount of work
新人	しんじん	newcomer / new employee
～に慣れていない	～になれていない	inexperienced in ～
ぎりぎりに	ぎりぎりに	at the last moment (minute)

ビジネスコミュニケーションのためのケース学習 【教材編 2】

部下	ぶか	subordinate
時間的な余裕	じかんてきなよゆう	enough time
朝礼	ちょうれい	morning gathering, morning assembly
締め切りを守る	しめきりをまもる	meet a deadline
適切な指示	てきせつなしじ	suitable instruction
困る	こまる	be in trouble
仕事についていく	しごとについていく	follow one's workflow
大変な	たいへんな	hard
急ぎ	いそぎ	urgent, hurried
計画性のない仕事	けいかくせいのない しごと	task without sufficient preparation
仕事をふられる	しごとをふられる	be given tasks
せかされる	せかされる	do more rush jobs
仕事に追いかけられる	しごとにおいかけられる	be pressed to produce output

タスクシート 📄

1. 話し合う前にまず、メモを作ってください。なお、(4)(5)は、登場人物の中から
   一番身近な人を一人選んで書いても構いません。

(1) それぞれの気持ちを考えてください。

┌───┐
│ 私（マイさん）の気持ち   │
│   │
│   │
│   │
│   │
│   │
└───┘

┌───┐
│ 上司　大野さんの気持ち   │
│   │
│   │
│   │
│   │
│   │
└───┘

┌───┐
│ 先輩　メリッサさんの気持ち   │
│   │
│   │
│   │
│   │
│   │
└───┘

（2）この状況で何が問題だと考えますか。

（3）あなたにも似たような経験がありますか。その時、どのように行動しましたか。

（4）あなたがマイさん／大野さん／メリッサさんだったら、このような場合どのように行動しますか。

(5) あなたがマイさん／大野さん／メリッサさんに相談された場合、どのようなアドバイスをしますか。

2. クラスメートとペアになって（あるいはグループで）話し合ってみましょう。そして、話し合いの中で参考になる意見が出たり、新しい考えが浮かんだ場合はペンの色を変えてタスクシート（4）（5）に書き入れていってください。

3. 話し合いの内容を振り返ってください。何か気がついたことはありましたか。全体で意見交換をしてください（プライベートレッスンの場合は先生に報告してください）。

メモ

ケースの裏側

　このケースは、日本人上司の下で働いているマレーシア人社員が経験したことをもとに書かれています。

　ところで、いい上司とはどんな人だと思いますか。このケースの社員マイさんは、やるべき仕事を部下に適切な指示を出す上司だと思っているようです。日本人が時間に厳しく、締め切りを大切にすることは、マレーシア人のマイさんもよく理解していると言っています。だからこそ上司から指示された仕事は締め切りまでに最大の努力をして仕上げてきました。しかし、マイさんは日本人上司に対し、部下に指示を出すタイミングがなぜいつも締め切りまでの時間的余裕がない時点なのか、なぜもっと計画的に仕事を進めないのかという大きな疑問を持っています。

　日本人上司への矛盾を感じるマイさんについて、あなたはどう思いますか。

　今後、マイさんは先輩のようにこの上司の下で計画性のない仕事に追われていくしかないのでしょうか。あなたなら、このような職場でどうしていきますか。

case 03
本当に近すぎる？

　私（サイ）は国で高校を卒業して来日し、最初は2年間日本語学校に通いました。その後、大学に進学しました。私は大学生の間に日本の会社のことを知りたいと思い、アルバイトを始めました。アルバイト先はデパートのある売り場で、商品を販売する仕事です。このアルバイトでは、毎日新しいことを教わるので、外国人の私には、とてもいい勉強になります。しかし、先日、アルバイト先で上司から注意されたことが、私としてはどうしても納得がいかず、これから先、私はここでどのように仕事をすればいいのか悩んでいます。

　私のアルバイト先は、店長の高橋さんと、日本人社員の和田さん、そして、私の三人が働いています。しかし、通常このうちの二人が出勤することになっていて、三人が同時に出勤することはありませんでした。私は、店長、あるいは和田さんのどちらかと出勤するという形です。私は和田さんとは年齢が近いこともあり、店長の高橋さんよりも気が楽で楽しく仕事ができます。

　先日のことです。その日は、和田さんとの出勤の日でした。私は和田さんの接客の仕方を学びたいので、いつも和田さんの隣に立ってお客さんとのやりとりを聞いていました。そして、お客さんがいないときも、和田さんと楽しく話していました。ところが翌日、店長が出勤し私にこんなことを言いました。

店長　　：「サイさん、昨日、和田さんからメッセージがあったんだけど……。和田さんが接客しているとき、サイさんが隣に立っていたでしょ。近すぎて困ったそうだよ。立ち位置が近すぎると、お客さんも困ると思いますよ。」

私（サイ）：「ええっ、近すぎたんですか……。私は、接客の仕方を学ぼうと思って近くに立って話を聞いていたんです。」

店長　　：「私もそうだと思って、和田さんにもそう返事をしましたよ。私はその場にいなかったからわからないけれど、どれくらい近

かったのかな。まあ、近すぎるとお客さんだけでなく、和田さんも困るんじゃないかな。」

私（サイ）：「それほど近すぎたとは思いませんが……。声が聞こえるくらいの距離だったと思います。でも、お客さんや和田さんにご迷惑をかけたのであれば、今度からは少し離れて立つように気をつけます。」

　私はその場では、店長に気をつけますと言いましたが、心の中に疑問がわいてきました。本当に和田さんがおかしいと感じたのならば、また、本当に和田さんの接客の邪魔になったのならば、なぜ和田さんは私に直接言ってくれなかったのでしょうか。なぜ、わざわざ店長にメッセージを送ったのか、わかりません。店長を通じて言われたのは何だか嫌な感じがしました。

　普段、私は和田さんと仲良くしているので、彼女が私の悪口を言ったわけではないと信じたいのですが……。離れていると接客している様子が見えなくなって、接客の時の言葉も聞き取ることができません。私はこれからどうすればいいでしょうか。

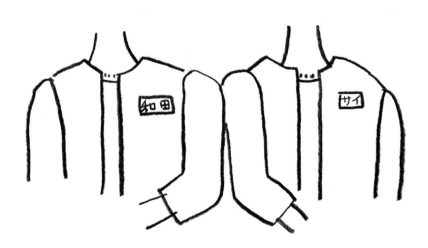

CASE03　本当に近すぎる？

語彙リスト

近すぎる	ちかすぎる	too close
来日する	らいにちする	come to Japan
大学に進学する	だいがくにしんがくする	continue to university
アルバイト	あるばいと	part-time job
デパート	でぱーと	department store
商品	しょうひん	product
販売する	はんばいする	sell
いい勉強の場	いいべんきょうのば	good place to learn
上司	じょうし	boss, superior
注意される	ちゅういされる	be given advice
どうしても納得がいかない	どうしてもなっとくがいかない	totally unacceptable
悩む	なやむ	be anxious, be worried
店長	てんちょう	store manager
通常	つうじょう	usually
出勤する	しゅっきんする	go to work
同時に	どうじに	at the same time
年齢が近い	ねんれいがちかい	be close in age
気が楽	きがらく	comfortable
接客の仕方	せっきゃくのしかた	how to serve customers
〜を学ぶ	〜をまなぶ	learn
隣に立つ	となりにたつ	stand close by
やりとり	やりとり	interaction (with customer)
翌日	よくじつ	the next day
メッセージ	めっせーじ	message
困る	こまる	feel uncomfortable, be in trouble
立ち位置	たちいち	standing position
返事をする	へんじをする	make a reply
その場にいない	そのばにいない	be not there
距離	きょり	distance
迷惑をかける	めいわくをかける	cause trouble, be annoyed
離れる	はなれる	step away

ビジネスコミュニケーションのためのケース学習　【教材編 2】

気をつける	きをつける	be careful
疑問がわく	ぎもんがわく	prompt the question
～の邪魔になる	～のじゃまになる	become a nuisance to ～
直接	ちょくせつ	directly
～を通じて	～をつうじて	throughout ～
嫌な感じがする	いやなかんじがする	br bothered that ～
普段	ふだん	usually
仲良くしている	なかよくしている	get along, be on good terms
悪口を言う	わるくちをいう	talk behind one's back
信じる	しんじる	believe
言葉を聞き取る	ことばをききとる	catch someone's words

タスクシート 📄

1. 話し合う前にまず、メモを作ってください。なお、(4)(5)は、登場人物の中から一番身近な人を一人選んで書いても構いません。

(1) それぞれの気持ちを考えてください。

私（サイさん）の気持ち

社員　和田さんの気持ち

店長　高橋さんの気持ち

ビジネスコミュニケーションのためのケース学習【教材編2】

(2) この状況で何が問題だと考えますか。

(3) あなたにも似たような経験がありますか。その時、どのように行動しましたか。

(4) あなたがサイさん／和田さん／店長の高橋さんだったら、このような場合どのように行動しますか。

(5) あなたがサイさん／和田さん／店長の高橋さんに相談された場合、どのようなアドバイスをしますか。

2. クラスメートとペアになって（あるいはグループで）話し合ってみましょう。そして、話し合いの中で参考になる意見が出たり、新しい考えが浮かんだ場合はペンの色を変えてタスクシート（4）（5）に書き入れていってください。

3. 話し合いの内容を振り返ってください。何か気がついたことはありましたか。全体で意見交換をしてください（プライベートレッスンの場合は先生に報告してください）。

メモ

ケースの裏側

　このケースは韓国人留学生のアルバイト経験がもとになっています。

　このケースのように、日本のアルバイト先で、留学生が店長や日本人社員との関係やコミュニケーションの仕方に問題を感じることは少なくないようです。

　特に、接客場面での人との距離の取り方や、直接的な衝突を避けるようなコミュニケーションの仕方は難しく、すぐには身に付かないものでしょう。サイさんは、この場では一旦謝るという対応をしましたが、このままでは接客の仕方を学ぶこともままならず、仕事に影響が及ぶかもしれないと思っています。

　サイさんが一人で悩んでいても具体的な問題の解決にはなりません。サイさんには業務上のコミュニケーションの仕方に改善の余地があるように思われます。一方、和田さんや店長の高橋さんの行動にも改善の余地があるのではないでしょうか。

　さて、このような状況にあなた自身が置かれたらどのように感じますか。そして、どのようにこの状況を改善していきますか。

case 04

私は会社から何を期待されているの？

　私（アレックス）は日本の大学を卒業後、日本人学生と同じように日本の大手企業に就職し、色々な夢や不安を抱えながら社会人生活を始めました。同期の仲間（日本人たち）は非常に優秀で、この半年間の研修中は、外国人の私は周りにほとんどついていけないことだらけで苦労しましたが、色々な困難を乗り越えて、ようやく配属までこぎつけました。しかし、最近、私は同期の仲間が言った言葉があまりにもショックで、そのことが頭から離れません。

　当初、同じ部には私と日本人二名が同期として配属されました。私たち三人は部内のそれぞれ違うチームに配属されたにもかかわらず、上司の山田さんは常に三人を比較した発言をしました。私は研修の時から、日本語や専門知識の面において二人の同期とは戦えないという諦めの気持ちがあったので、山田さんのそのような発言を無視していました。なぜなら、自分はもともと文化圏も母語も全く違う外国人なので、日本人と同じ土俵で戦えるはずがないからです。だから、同期に対して、ライバル意識を持つよりもできるだけ仲良く、お互いにないものを補い合いながら一緒に頑張っていく方がお互いのモチベーションも上がり、仕事の成果も出しやすいと思っていました。もちろん、外国人の私が組織の足を引っ張ることは決してしたくなかったので、1年間必死に頑張って日本人の同期よりも努力しました。

　ところが、入社2年目のある日、同期の仲間から信じられない言葉を聞かされ、今、私はショックと怒りでこの先どうしたものかと悩んでいます。同期の河野君が寮の風呂場で私にこんなことを言ってきました。「お前や職場の女の子なんかは女性の活躍とやらでみんなの注目を浴びていて、ずっとチヤホヤされていいよな。オレなんていくら頑張っても評価されないし、お前は外国人だからちょっとしたことでもすぐ目立つからずるいよ。この前もオレのチームで飲み会をしてね、そんな話をしたんだよ」。

　私は、上司が日本人と自分を比較してくるので、人一倍頑張ってきたのに、なんでこんなことを言われるのか、こんなに努力しているのに、なぜ

「チヤホヤされている」と見られるのか、理解できなくなりました。

　もともと会社は私に何を期待していたのでしょうか。おそらく上司の評価次第で同期との給料に差が出てくると思います。会社には評価の基準を明確にしてもらわないと、私は今後どのように頑張ればいいかわかりません。自分が外国人だから甘く評価してほしいなどと思ったことは一度もありません。私の努力や苦労をもう少し周りに理解してもらいたいのです。

　これまで上司の山田さんには色々と配慮してもらっているので、これ以上の不満は言えないのかもしれませんが、正直、どこまで声を上げていいのかわかりません。

語彙リスト

期待する	きたいする	expect
卒業後	そつぎょうご	after graduation
大手企業	おおてきぎょう	major company
就職する	しゅうしょくする	get a job
夢や不安を抱えながら	ゆめやふあんをかかえながら	with dreams and anxieties

社会人生活	しゃかいじんせいかつ	working life
同期	どうき	employees who joined the company in the same year
仲間	なかま	peers
非常に優秀	ひじょうにゆうしゅう	excellent
研修中	けんしゅうちゅう	in training
周り	まわり	surrounding (people)
ほとんどついていけない	ほとんどついていけない	can hardly follow
～だらけ	～だらけ	full of ～
苦労する	くろうする	have a hard time
困難を乗り越える	こんなんをのりこえる	overcome difficulties
ようやく～まで こぎつける	ようやく～まで こぎつける	finally (be assigned)
配属	はいぞく	posting, assignment
ショック	しょっく	shock
頭から離れない	あたまからはなれない	can't get out of one's mind
部	ぶ	department
～にもかかわらず	～にもかかわらず	in spite of ～
上司	じょうし	boss, superior
常に	つねに	constantly
比較する	ひかくする	compare
発言をする	はつげんをする	remark
専門知識	せんもんちしき	expertise
～とは戦えない	～とはたたかえない	can not compete with ～
諦めの気持ち	あきらめのきもち	feeling of "giving up"
無視する	むしする	ignore
もともと	もともと	originally
文化圏	ぶんかけん	culture area
母語	ぼご	native language
同じ土俵で戦う	おなじどひょうで たたかう	compete in the same ring
ライバル意識	らいばるいしき	mindset of rivalry
仲良く	なかよく	get along
補い合う	おぎないあう	complement each other
一緒に頑張る	いっしょにがんばる	work hard together

モチベーション	もちべーしょん	motivation
成果を出す	せいかをだす	achieve good results
組織	そしき	organization
足を引っ張る	あしをひっぱる	cause trouble
決して〜したくない	けっして〜したくない	not want to do by any means
必死に	ひっしに	desperately, hard
努力する	どりょくする	make effort
入社2年目	にゅうしゃにねんめ	second year of employment
信じられない言葉	しんじられないことば	astonishing words
怒り	いかり	anger
悩む	なやむ	be worried, be anxious
お前	おまえ	you
女性の活躍	じょせいのかつやく	the active role of women in the workplace
注目を浴びる	ちゅうもくをあびる	get a lot of attention
チヤホヤされる	ちやほやされる	be flattered
オレ	おれ	I (for man)
いくら頑張っても	いくらがんばっても	even (in spite of) one's effort
評価される	ひょうかされる	receive a high evaluation
ちょっとしたこと	ちょっとしたこと	just a little thing
目立つ	めだつ	stand out
ずるい	ずるい	not fair, enviable
人一倍	ひといちばい	more than others
〜次第で	〜しだいで	depends on 〜
給料	きゅうりょう	salary
差が出てくる	さがでてくる	a difference appears
基準	きじゅん	standard
明確にする	めいかくにする	clarify
甘く評価する	あまくひょうかする	evaluate leniently
配慮する	はいりょする	be thoughtful in various respect
不満を言う	ふまんをいう	complain
正直	しょうじき	be honest
声を上げる	こえをあげる	voice one's concerns

タスクシート 📄

1. 話し合う前にまず、メモを作ってください。なお、(4)(5)は、登場人物の中から一番身近な人を一人選んで書いても構いません。

(1) それぞれの気持ちを考えてください。

```
私（アレックスさん）の気持ち




```

```
上司　山田さんの気持ち




```

```
同期　河野君の気持ち




```

ビジネスコミュニケーションのためのケース学習【教材編2】

(2) この状況で何が問題だと考えますか。

(3) あなたにも似たような経験がありますか。その時、どのように行動しましたか。

(4) あなたがアレックスさん／山田さん／河野君だったら、このような場合どのように行動しますか。

(5) あなたがアレックスさん／山田さん／河野君に相談された場合、どのようなアドバイスをしますか。

2. クラスメートとペアになって（あるいはグループで）話し合ってみましょう。そして、話し合いの中で参考になる意見が出たり、新しい考えが浮かんだ場合はペンの色を変えてタスクシート（4）（5）に書き入れていってください。

3. 話し合いの内容を振り返ってください。何か気がついたことはありましたか。全体で意見交換をしてください（プライベートレッスンの場合は先生に報告してください）。

メモ

ケースの裏側

　このケースは、日本の大学を卒業し、日本の企業に就職した一人のフランス人留学生の経験です。

　上司の山田さんは、外国人社員も日本人社員と同じ基準で評価し、切磋琢磨して成長してもらいたいと考えていました。しかし、アレックスさんは、常に同期たちと比較するような山田さんの教育方法に疑問を持っていました。大学時代から日本企業でグローバルな人材が求められていることを聞いていたために日本企業への入社を決意したアレックスさんでしたが、女性社員や外国人社員に対する河野君の本音を聞いたときには、本当にがっかりしました。

　とはいえ、同期たちとの関係を大事にしてきたアレックスさんは、今後河野君とどう接していけばいいのか、また仕事と人間関係のバランスをどのように取っていけばよいのか、さらにはこの状況を上司にどう相談すればよいのか、自分の考えが何も浮かびません。自分の今後がまったく見えなくなってしまいました。

　さて、このような状況にあなたが置かれたら、どのように感じるでしょうか。アレックスさんは、これからどのようにこの状況を克服していったらいいのでしょうか。

case 05
あと4分なのに！

　私（シュ）は、中国の大学の日本語学科を卒業後、昨年9月に来日し、福祉専門の大学院に入学しました。現在、修士課程1年生です。今年の5月から新しいアルバイトとして、あるホテルでフロントの仕事をしています。

　日本語力がまだ十分ではないため、同期の正社員と比べると仕事の飲み込みが遅いのですが、正社員の先輩方もアルバイトの先輩方も私に配慮してくださり、丁寧に仕事の内容を教えてくださっています。私の他にも日本語がかなり上手な韓国人スタッフもいます。これまで、仕事中にいろいろなトラブルが起きるのを見てきましたが、私は、周りの人たちのおかげで、大きなミスもなく過ごしてきました。

　しかし、最近ふと気付いたことがあります。それは、出勤時にはハイテンションの私が、仕事が終わったときには憂鬱な気分になっているということです。そんな中、先週、これまでにないほどの怒りがこみ上げてきた出来事がありました。そのせいで、もう、このアルバイトをやめてしまおうかと悩んでいます。

　その日は、午前からずっと忙しくて、午後に入ってもなかなか休憩の時間がとれませんでした。勤務があと4分ほどで終わるという時、特にやることがない状態となり、私は、朝からの忙しさの疲れが出たのか、ボーッとしてしまい、新たに別の仕事に取り掛かる気にもなれず、そのまま終わる時間を待っていました。

　ところが、そのとき、同期で私より年下の正社員の佐川さんが、「暇ならこれやって！」と言って、作業の手本を見せ始めました。その作業は、紙に開けてある穴に紐を通すだけの単純な作業で、緊急性のないものでした。今その作業をやらなくても、紐が通った紙はまだ3日分は残っているのですから。そして何より、佐川さんの態度がとても上から目線だったことが不愉快でした。そこで、「そんな作業は私でもできますよ。でも、もうあと4分で勤務時間が終わるので次回やります」と私が言うと、「いや、あと何分ということじゃなくて、まだ5時になっていないよね。みんなの

ためになることでしょ」と彼女は言うのです。私は、非常に不愉快になったので、その仕事をやらずに帰宅しました。

　これまで多くの正社員の方々やアルバイトの先輩や仲間から仕事を頼まれてきました。ですが、これほど不愉快にさせられたことはありませんでした。あと4分なのに、なぜ融通が利かないのでしょうか。アルバイトの私の賃金は正社員よりも低いのに、正社員よりも忙しくさせられ、しかも正社員に命令されるのって、おかしくないでしょうか。

　そして、今三つのことで悩んでいます。

① 私はこのアルバイトをやめるべきでしょうか。
② 私は佐川さんに、あなたの言い方や態度がすごく嫌いですと言うべきでしょうか。
③ こちらからはできるだけ佐川さんを避けたいと思いますが、彼女が何事もなかったように接してきたら、どうすればいいでしょうか。

語彙リスト

卒業後	そつぎょうご	after graduation
来日する	らいにちする	come to Japan
福祉専門	ふくしせんもん	specializing in welfare
修士課程	しゅうしかてい	Master's Program
アルバイト	あるばいと	part-time job
フロント	ふろんと	front desk
十分	じゅうぶん	enough
同期	どうき	employees who joined the company in the same year
正社員	せいしゃいん	regular employee
～と比べる	～とくらべる	compare with ～
飲み込みが遅い	のみこみがおそい	be slow to understand
先輩	せんぱい	senior colleague
配慮する	はいりょする	consider
丁寧に教えてくれる	ていねいにおしえてくれる	teach carefully
内容	ないよう	content
トラブルが起きる	とらぶるがおきる	get into trouble
周りの人たち	まわりのひとたち	surrounding people
～のおかげで	～のおかげで	thanks to ～
ミス	みす	mistake
ふと気付く	ふときづく	come across one's mind
出勤（する）	しゅっきん（する）	go to work
ハイテンション	はいてんしょん	full of energy
憂鬱な気分	ゆううつなきぶん	depression
怒りがこみ上げる	いかりがこみあげる	be filled with anger
出来事	できごと	incident
そのせいで	そのせいで	it might be a good enough reason to ～
やめる	やめる	quit
悩む	なやむ	be anxious, be worried
なかなか～ない	なかなか～ない	not easily ～
休憩	きゅうけい	rest, break

ビジネスコミュニケーションのためのケース学習 【教材編 2】

勤務（する）	きんむ（する）	serve, work for
あと４分ほどで終わる	あとよんぷんほどでおわる	the workday will end in four minutes
疲れ	つかれ	fatigue
ボーッとして	ぼーっとして	absent-mindedly
新たに	あらたに	new
仕事に取り掛かる	しごとにとりかかる	get down to work
年下の	とししたの	younger
作業	さぎょう	work
手本を見せる	てほんをみせる	show an example
穴	あな	hole
紐を通す	ひもをとおす	string through
単純な	たんじゅんな	simple
緊急性	きんきゅうせい	urgency
残っている	のこっている	remain
態度	たいど	attitude
上から目線	うえからめせん	arrogant way
不愉快な	ふゆかいな	unpleasant
やらずに帰宅する	やらずにきたくする	go home without doing
融通が利く	ゆうずうがきく	flexible
賃金	ちんぎん	wages
命令する	めいれいする	order
避ける	さける	avoid
何事もなかったように	なにごともなかったように	as if nothing happened
接してくる	せっしてくる	make contact with 〜

タスクシート 📄

1. 話し合う前にまず、メモを作ってください。なお、(4)(5)は、登場人物の中から一番身近な人を一人選んで書いても構いません。

(1) それぞれの気持ちを考えてください。

私（シュさん）の気持ち

年下の正社員（佐川さん）の気持ち

(2) この状況で何が問題だと考えますか。

(3) あなたにも似たような経験がありますか。その時、どのように行動しましたか。

(4) あなたがシュさん／年下の正社員（佐川さん）だったら、このような場合どのように行動しますか。

(5) あなたがシュさん／年下の正社員（佐川さん）に相談された場合、どのようなアドバイスをしますか。

2. クラスメートとペアになって（あるいはグループで）話し合ってみましょう。そして、話し合いの中で参考になる意見が出たり、新しい考えが浮かんだ場合はペンの色を変えてタスクシート（4）（5）に書き入れていってください。

3. 話し合いの内容を振り返ってください。何か気がついたことはありましたか。全体で意見交換をしてください（プライベートレッスンの場合は先生に報告してください）。

メモ

ケースの裏側

　このケースは、中国からの留学生の経験をもとに作られていますが、日本でアルバイトを経験する他の国・地域からの留学生たちも同様の経験をしていることが報告されています。

　シュさんは、大学では日本語を専攻していたので、国でも日系の会社でいくつものアルバイトを経験してきました。今働いている日本の会社では、日本人社員から言われることはほとんど理解しています。しかし、最近、職場の日本人社員のものの言い方を不愉快に感じていたようです。彼女は今の状況を解決するにはどうすればいいか悩んでおり、まわりの日本人の友人にも相談したと言っています。すぐにアルバイトを辞めるという選択肢も考えられますが、これから日本で働きたいと思っているシュさんにとって、それは根本的な解決にはならないことにも気が付いていました。そして、正社員やパート社員、アルバイトといった働き方の異なる人たちが一緒に働く職場で、人間関係に問題を感じたとき、どのようにその問題の解決に取り組むべきかを考えるようになったと言っていました。

　あなたがシュさんだったら、この状況の中でどのように対応しますか？

case 06

思ったより会社が遠いので

　私（リサ）は、国（マレーシア）の大学で日本語を4年間勉強しました。在学中は1年間、日本の大学に交換留学に行った経験もあります。母国で大学を卒業後、日本語を使って仕事ができることを楽しみに、3カ月前に家電製品を扱う日系企業に就職しました。仕事は製品のカタログ等の翻訳が中心です。日本語、英語、中国語ができますが、主に英語から中国語への翻訳を担当しています。

　入社してまだ3カ月ですが、今転職を考えています。通勤に1時間もかかるからです。家から電車でシティー（City）に入り、そこからタクシーを呼び会社へ行かなければなりません。私の国ではスマホのアプリを使って簡単にタクシーを呼ぶ方法がありますが、朝はなかなか来ませんし、とくに雨の日はタクシーを利用する人も増えるので待ち時間が長くなります。なによりも、毎日タクシーに乗るので、タクシー代がかかります。会社はタクシー代を払ってくれません。思ったより大変なんです！

　それからもう一つ理由があります。想像していたのとは違い、仕事で日本語をあまり使えないことです。私が担当する翻訳の仕事は毎日あるわけではありません。実は上司には伝えていないのですが、私は時間があるときは他の業務のカスタマーサービスを手伝っています。この業務のほうが日本語が使えて勉強になるからです。

　先日、大学時代の先輩のミルバさんに会いました。ミルバさんは日系の派遣企業に勤務して5年目です。私の国では、だいたい2年から3年で転職することが多いので、ミルバさんはずいぶん長く同じ会社で働いていると思います。やりがいがあると言っていましたし、これからもずっとその企業で働きたいようです。そのミルバさんに「最近どうしていますか？」と聞かれたので、私は「転職しようと思います」と言いました。するとミルバさんは少し驚いた様子で理由を聞いてきました。私は、通勤が大変なことと日本語があまり使えないことが理由だと言い、さらに今、私が置かれている状況もくわしく説明しました。

　私はきっとミルバさんが同意するだろうと思ったのですが、話が終わる

やいなや、「えー！ でも、それって入社前にわかっていましたよね？」と言うではありませんか。これには本当に驚きました。どうしてミルバさんは私の大変さをわかってくれないのでしょうか。いつからこんなに冷たい人になったのでしょうか。

語彙リスト

思ったより	おもったより	than I thought
在学中	ざいがくちゅう	while being a student
交換留学に行く	こうかんりゅうがくにいく	go to (Japan) as an exchange student
経験	けいけん	experience
卒業後	そつぎょうご	after graduation
～を楽しみに（する）	～をたのしみに（する）	look forward to ～
家電製品	かでんせいひん	home appliances
～を扱う	～をあつかう	deal with ～
日系企業	にっけいきぎょう	Japanese affiliated company
～に就職する	～にしゅうしょくする	get a job at ～
製品のカタログ等	せいひんのかたろぐとう	product catalogue etc.
翻訳	ほんやく	translation
～が中心	～がちゅうしん	focused on ～
主に	おもに	mainly
～を担当する	～をたんとうする	in charge of ～
入社する	にゅうしゃする	join the company
転職	てんしょく	change jobs
かかる	かかる	take (time), cost
通勤に	つうきんに	in commutation
タクシーを呼ぶ	たくしーをよぶ	get (call) a cab
なかなか来ない	なかなかこない	a long time (in) coming
とくに	とくに	especially
タクシーを利用する	たくしーをりようする	take a cab
増える	ふえる	increase
待ち時間	まちじかん	waiting time
なによりも	なによりも	more than anything
タクシー代	たくしーだい	cab fare
（会社が）払う	（かいしゃが）はらう	(company) provide
理由	りゆう	reason
想像していたのとは違う	そうぞうしていたのとはちがう	contrary to one's expectations

ビジネスコミュニケーションのためのケース学習【教材編 2】

毎日あるわけではない	まいにちあるわけではない	not very frequent
上司	じょうし	boss, superior
他の業務	ほかのぎょうむ	other business
カスタマーサービス	かすたまーさーびす	customer service
手伝う	てつだう	help
勉強になる	べんきょうになる	to gain knowledge, to be illuminated
大学時代	だいがくじだい	college days
先輩	せんぱい	senior
派遣企業	はけんきぎょう	temporary staffing agency
～に勤務する	～にきんむする	work for ～
ずいぶん長く	ずいぶんながく	pretty long
やりがいがある	やりがいがある	(the work) rewarding
これからもずっと	これからもずっと	now and forever
最近どうしていますか？	さいきんどうしていますか？	How have you been doing?
驚いた様子で	おどろいたようすで	with an expression of surprise
置かれている状況	おかれている じょうきょう	situation that happened to me
くわしく説明する	くわしくせつめいする	explain in detail
同意する	どういする	agree
話が終わるやいなや	はなしがおわるやいなや	the moment someone finished speaking
大変さ	たいへんさ	hardship, toughness
冷たい人	つめたいひと	cold-hearted person

タスクシート 📄

1. 話し合う前にまず、メモを作ってください。なお、(4)(5)は、登場人物の中から
   一番身近な人を一人選んで書いても構いません。

(1) それぞれの気持ちを考えてください。

私（リサさん）の気持ち

大学時代の先輩　ミルバさんの気持ち

(2) この状況で何が問題だと考えますか。

(3) あなたにも似たような経験がありますか。その時、どのように行動しましたか。

(4) あなたがリサさん／ミルバさんだったら、このような場合どのように行動しますか。

(5) あなたがリサさん／ミルバさんに相談された場合、どのようなアドバイスをしますか。

2. クラスメートとペアになって（あるいはグループで）話し合ってみましょう。そして、話し合いの中で参考になる意見が出たり、新しい考えが浮かんだ場合はペンの色を変えてタスクシート (4)(5) に書き入れていってください。

3. 話し合いの内容を振り返ってください。何か気がついたことはありましたか。全体で意見交換をしてください（プライベートレッスンの場合は先生に報告してください）。

メモ

ケースの裏側

　このケースは、クアラルンプールにある人材派遣会社でのインタビューがもとになっています。マレーシアでは短い期間に転職することはよくあることで、転職の理由としては、給与、仕事内容、ワークライフバランスなどが挙げられるようです。なかでも、ひどい交通渋滞による通勤困難を理由に転職する人がもっとも多いそうです。

　一方、日本では昔に比べると転職に対する考え方は変化してきているものの、まだ抵抗をもつ人は少なくありません。東京の通勤ラッシュは世界レベルですが、東京でこれを転職の理由とする人はどの程度いるでしょうか。就職後3カ月ほどで自分の期待と違う仕事だから辞めるという事例はどのぐらいあると想像されますか。

　このケースに出てくるリサさんは、今、3カ月勤務した仕事先から転職を考えています。そんなとき、長く日系企業に勤務している大学時代の先輩（ミルバさん）に会い、自分の転職について話したところ、先輩と自分の意見が大きく違うことに驚かされます。リサさんにとって、通勤や仕事内容への不満は転職の理由として妥当だと思っていました。しかし、ミルバさんからみれば、それは転職の理由にはならないものだと反論されました。てっきり自分と同意見だと期待した先輩からの冷たい言葉に、彼女は戸惑ってしまいます。

　さて、通勤が大変、仕事内容が期待したものではないなどの転職の理由を、あなたならどう思いますか。リサさんは、先輩の意見を知った上で、今の自分の状況をどう考えたらいいのでしょうか。

case 07
結婚しても働くの？

　私（ディビヤ）は、日本の職場の上司に言われた言葉から私自身が不愉快になったと同時に、「日本で女性が活躍できる日はくるのだろうか」と日本の女性のことをかわいそうに思うようになりました。

　私が日本にある会社の研究所に勤務していた時のことでした。私の所属する課は五人で構成されています。日本人男性（上司）が三人、日本人女性（同僚）が一人で、外国人（女性）は私だけでした。みなさん日本の大学や海外の大学を卒業した高学歴でした。私にとってここの仕事はおもしろいし、会社の業績や雰囲気も悪くはなかったです。

　私が結婚を決めたのはここで勤務して10年目の時でした。私が結婚することを職場の人に告げると、日本人の男性上司たちは、私にいろいろと質問をするようになりました。「結婚しても働くの？」「なぜやめないの？」と聞くのです。好奇心からなのか、どうやら悪気はなさそうに見えました。しかし、これはとてもプライベートな質問です。その時から私は会社に居心地の悪さを感じるようになりました。

　そもそも日本人の上司たちは、自分たちの家族の話はしません。彼らに子どもがいるのかいないのか、私は知りませんでした。自分の家族のことを全く話題にしないのは不思議だと思っていましたが、日本の職場はそういうものかなと思っていました。それなのに、私のことをいろいろと聞いてくるのはどうしてでしょうか。私が外国人だからでしょうか。外国人なら聞いてもいいと思っているのでしょうか。私の国、トルコでは女性が結婚後も働くのは当然のことです。私は大学院も修了していたし、学んだことを活かしてキャリアを追求したいと考えていました。実際、順調にキャリアパスを歩んできました。これまで人並み以上に努力を続けてきたので、そう簡単に仕事をやめたくはありません。

　以前、上司が日本人の女性にも同じようなことを言っているのを聞いたことがあります。なぜこんなプライベートな話をしてくるのでしょうか。働くか働かないかは個人の自由です。それに、すでに私はトルコ人の婚約

者のことも職場の人に紹介していましたから、私が働くことに彼が賛成していることを、上司たちはある程度はわかっていたと思います。それなのに、なぜ結婚しても働くのかと聞くのでしょうか。日本の女性たちは常にこんなことを言われているのかと思うと、気の毒でなりません。日本の職場で、女性たちが自分の能力を発揮して活躍できる日はくるのでしょうか。

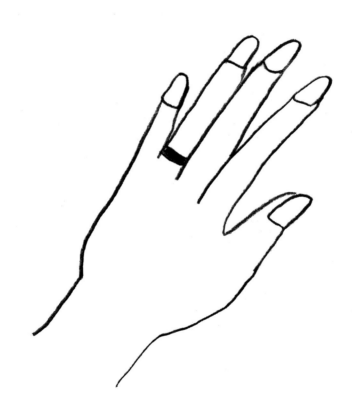

語彙リスト

結婚する	けっこんする	get married
働く	はたらく	work
職場の上司	しょくばのじょうし	boss at workplace
言葉	ことば	words
不愉快になる	ふゆかいになる	get uncomfortable
～と同時に	～とどうじに	at the same time as ～
活躍する	かつやくする	participate actively, flourish
かわいそう	かわいそう	feel sorry
研究所に勤務する	けんきゅうじょにきんむする	work for a (company's) laboratory
所属する	しょぞくする	belong to
課	か	section, department
～で構成されている	～でこうせいされている	be consist of ～
同僚	どうりょう	an associate, colleague
卒業する	そつぎょうする	graduate
高学歴	こうがくれき	highly educated
業績	ぎょうせき	business performance
雰囲気	ふんいき	atmosphere
告げる	つげる	tell, inform
やめる	やめる	quit
好奇心	こうきしん	curiosity
どうやら悪気はなさそうに見える	どうやらわるぎはなさそうにみえる	seem innocent
プライベートな質問	ぷらいべーとなしつもん	private question, personal question
居心地の悪さを感じる	いごこちのわるさをかんじる	feel uneasy
そもそも	そもそも	first of all
全く話題にしない	まったくわだいにしない	not at all to the topic
不思議だと思う	ふしぎだとおもう	feel strange
そういうもの	そういうもの	something like (a norm)
トルコ	とるこ	Turkey
結婚後	けっこんご	after marriage

当然のこと	とうぜんのこと	common (matter), natural
大学院を修了する	だいがくいんをしゅうりょうする	complete graduate school
学んだことを活かす	まなんだことをいかす	utilize what I learned
キャリアを追求する	きゃりあをついきゅうする	pursue one's career
実際	じっさい	in fact
順調にキャリアパスを歩む	じゅんちょうにきゃりあぱすをあゆむ	establish a career for oneself
人並み以上に	ひとなみいじょうに	more than ordinary
努力を続ける	どりょくをつづける	sustain one's efforts
簡単に	かんたんに	easily
以前	いぜん	in the past
個人の自由	こじんのじゆう	personal freedom
婚約者を紹介する	こんやくしゃをしょうかいする	introduce fiancé
賛成する	さんせいする	be supportive of, agree to
ある程度はわかっていた	あるていどはわかっていた	have a fair idea
常に	つねに	always
こんなこと	こんなこと	such a thing
気の毒でならない	きのどくでならない	feel very sorry
能力を発揮する	のうりょくをはっきする	demonstrate one's ability

タスクシート 📄

1. 話し合う前にまず、メモを作ってください。なお、(4)(5)は、登場人物の中から一番身近な人を一人選んで書いても構いません。

(1) それぞれの気持ちを考えてください。

私（ディビヤさん）の気持ち

男性上司たちの気持ち

(2) この状況で何が問題だと考えますか。

(3) あなたにも似たような経験がありますか。その時、どのように行動しましたか。

(4) あなたがディビヤさん／男性上司たちだったら、このような場合どのように行動しますか。

(5) あなたがディビヤさん／男性上司たちに相談された場合、どのようなアドバイスをしますか。

2.クラスメートとペアになって（あるいはグループで）話し合ってみましょう。そして、話し合いの中で参考になる意見が出たり、新しい考えが浮かんだ場合はペンの色を変えてタスクシート（4）（5）に書き入れていってください。

3.話し合いの内容を振り返ってください。何か気がついたことはありましたか。全体で意見交換をしてください（プライベートレッスンの場合は先生に報告してください）。

メモ

ケースの裏側

　このケースは、かつて日本の会社の研究所に勤務していたトルコ人女性が語ったことをもとに書かれています。日本人女性が職場で働くことについての考え方には、トルコと日本では違いがあると言っています。トルコ人の彼女から見れば、日本で働く女性は気の毒だと感じられるそうです。
　日本では、1999年に「男女共同参画社会基本法」が施行され、「男女共同参画」「ジェンダーフリー」などのことばも聞かれるようになり、女性が働きやすい職場環境がめざされてきました。しかし、人の意識の改革はそれほどたやすいものではないようです。
　このケースに登場するディビヤさんは、勤務10年目に結婚することを職場の仲間に告げたところ、そのとたんに男性上司たちから彼女に向けて不愉快な質問が次々投げかけられました。それはトルコ社会の常識では考えられない言動でした。彼女はこんなプライベートな質問をされるのは、自分が外国人だからなのか、それとも、女性だからなのかと疑問を持ちます。
　日本人女性たちが、このような古い意識をもつ男性上司の下で仕事をしている現実があることを、あなたはどう思いますか。そして、そのような職場にあなた自身がいたとしたら、どのような意識をもって仕事をしていきますか。

case 08
仕事の能力を上げたいのに

　私（ヤスミン）はマレーシアにある日系企業に入社して今年で2年目です。私は大学で日本語を専攻していたので、会社の中では日本の会社とのやりとりや日本人顧客を対象とした調査を担当してきました。もう2年目になったので、入社当初のように仕事上のミスについて厳しく注意されることはなくなったのですが、最近になって、日本人上司の私への対応が気になってきて仕事が進みにくく感じるようになりました。

　私の仕事のチームは四人です。日本人は中川さん一人だけです。彼がこのチームのチーフです。他三名はマレーシア人で、入社1年目の後輩と5年目の先輩と私です。みんな日本語は上手で仕事上問題ないのですが、私だけが日本に1年間の留学経験をもつので、日本の生活のことなど先輩や後輩からよく聞かれることがあります。

　入社当初、私がもっとも驚いたのは、日本人の仕事のやり方の丁寧さと細かさでした。日本人が時間に厳しいことはよく聞いて知っていましたが、他にもあれこれ細かい確認やルールがいっぱいあることは、実際に仕事をしてみて初めて知りました。最初は毎日たくさんのルールや仕事のやり方を、中川さんから一つひとつ教えてもらい、私はそれらをひたすら覚えてきました。今では、ミスを指摘されてもほとんどがすでに知っていることなので、単なるケアレスミスとして、自分で修正することができます。しかし、最近では、仕事の量やスピードがどんどん増しているので、中川さんから指摘されたことを忘れたまま、次の仕事に取り掛かってしまうこともあります。そんな私の忙しさを中川さんも見ているはずなのに、私のミスを見つけると以前と同じように指摘してきて、少し時間がたったところで、直したのかどうかまで確認してきます。

　先日もこんなことがありました。「ヤスミンさん、日本建設へのメールに先日の注文へのお礼の一言が抜けていましたよ、次のメールを出すときに謝罪文を入れておいてください」というのです。日本建設からの注文には、すぐにお礼のメールを書いて出してあります。今のメールは別の用件で送ったものです。もちろん、もう一度お礼を入れればもっと丁寧だった

のかもしれませんが、私は今、他の会社への重要な書類の作成を急いでいるので、今注意しなくてもいいと思います。
　これまでメールを出すときにはCcに必ず中川さんを入れるようにと言われてきましたが、入れるとこんな細かい指摘をしてくるので、私は仕事がしにくいです。もっと重要なことに力を入れたいので、こんなことで時間を無駄にしたくはないのです。中川さんがこんなに細かく指摘しなければ、私はもっと仕事の能力を上げることができると思うのですが……。

CASE08　仕事の能力を上げたいのに

語彙リスト

仕事の能力を上げる	しごとののうりょくをあげる	improve one's work competency
日系企業に入社する	にっけいきぎょうににゅうしゃする	join a Japanese-affiliated company
～を専攻する	～をせんこうする	major in ～
やりとり	やりとり	interaction, relation
顧客	こきゃく	client
～を対象とする	～をたいしょうとする	be a target ～
調査	ちょうさ	survey
担当する	たんとうする	be in charge of
当初	とうしょ	initially
ミス	みす	mistake
厳しく注意される	きびしくちゅういされる	get a strong warning
上司	じょうし	boss, superior
対応	たいおう	reaction
気になる	きになる	get worried
進みにくい	すすみにくい	hard to make progress
チーフ	ちーふ	chief, head
後輩	こうはい	junior colleague
先輩	せんぱい	senior colleague
留学経験	りゅうがくけいけん	study experience abroad
驚く	おどろく	to be surprised
丁寧さ	ていねいさ	politeness
細かさ	こまかさ	(very keen on) details
時間に厳しい	じかんにきびしい	punctual
あれこれ細かいルールがある	あれこれこまかいるーるがある	pay good attention to many details
実際に	じっさいに	actually
ひたすら覚える	ひたすらおぼえる	become almost like second nature
指摘する	してきする	point out
ケアレスミス	けあれすみす	careless mistake
修正する	しゅうせいする	correct
仕事の量が増す	しごとのりょうがます	volume of work has increased

ビジネスコミュニケーションのためのケース学習【教材編2】

忘れたまま	わすれたまま	remain forgotten
仕事に取りかかる	しごとにとりかかる	get to work on
忙しさ	いそがしさ	being busy, heavy workload
直す	なおす	correct
確認する	かくにんする	confirm, make sure
お礼の一言が抜ける	おれいのひとことがぬける	miss the word 'thanks'
謝罪文	しゃざいぶん	apology
別の用件	べつのようけん	another matter
重要な書類の作成	じゅうようなしょるいのさくせい	preparing important documents
力を入れる	ちからをいれる	make an effort
時間を無駄にする	じかんをむだにする	waste time

CASE08　仕事の能力を上げたいのに

078

タスクシート 📄

1. 話し合う前にまず、メモを作ってください。なお、(4)(5)は、登場人物の中から一番身近な人を一人選んで書いても構いません。

(1) それぞれの気持ちを考えてください。

私（ヤスミンさん）の気持ち

上司　中川さんの気持ち

ビジネスコミュニケーションのためのケース学習　【教材編 2】

(2) この状況で何が問題だと考えますか。

(3) あなたにも似たような経験がありますか。その時、どのように行動しましたか。

(4) あなたがヤスミンさん／中川さんだったら、このような場合どのように行動しますか。

(5) あなたがヤスミンさん／中川さんに相談された場合、どのようなアドバイスをしますか。

2. クラスメートとペアになって（あるいはグループで）話し合ってみましょう。そして、話し合いの中で参考になる意見が出たり、新しい考えが浮かんだ場合はペンの色を変えてタスクシート（4）（5）に書き入れていってください。

3. 話し合いの内容を振り返ってください。何か気がついたことはありましたか。全体で意見交換をしてください（プライベートレッスンの場合は先生に報告してください）。

メモ

ケースの裏側

　このケースはマレーシアの日系企業に2年間勤務している女性社員が語ったことをもとに書かれています。ヤスミンさんは日常会話の日本語は不自由なく使えるのですが、日本語を使って仕事をするとなると最初はとてもたいへんだったそうです。しかし、今では新しく入社してくる後輩たちに仕事を教えられるまでになり、自分でもうまく仕事ができている実感が持てるようになったと言っていました。そうしたヤスミンさんの仕事ぶりをまるで認めていないかのように、入社当時と同じように彼女の仕事を管理し、一つひとつ細かい指摘をしてくる日本人上司に対し、彼女は日々不満を募らせています。

　海外では、日本人の仕事ぶりはまじめで、細かいところまで目が届いていて、丁寧だという肯定的な評価があります。一方で、まじめすぎて、必要以上に細かいところにこだわり、丁寧の度をこえているという否定的な評価もあります。

　さて、ヤスミンさんは、このような細かすぎて丁寧すぎる上司の下で、これからどのようにすれば、自分の満足のいく仕事ができるのでしょうか。

case 09

質問に答えてほしいだけなのに……

　私(アナ)はマレーシアにあるカーテンの販売の会社に入社してまだ4カ月ですが、日本語や日本文化の授業で聞いていた日本人の曖昧さを痛感させられる毎日です。私は大学では日本語専攻でしたので、レベルの高い日本語も勉強したのですが、仕事上では、日本人の言いたいことがわからないことがよくあって、なんだかこの仕事を続ける自信がなくなってきています。

　私の直接の上司の住田さん(男性、40歳ぐらい)は、入社当初から私がわからないことを質問すると、静かな言い方でゆっくり丁寧に教えてくださいます。しかし、ときどき、聞こえているはずなのに返事もしないことがあります。数分経ってから「何か?」と聞いてきます。しかも、さっき聞こえていたのかどうかについては何も触れません。それに、私が仕事のやり方を質問したときも、「これはねえ、そうだな……」と言っただけで、詳しく教えてくれませんでした。住田さんは私が日本語が理解できないことを怒っているのか、質問したことがあまり重要なことではないから教えないのか、私にはわかりません。私から質問したら、まるで私が日本語のレベルが低い人に思われそうで嫌です。

　また、取引相手の日本の会社の担当者にメールを出したときにも、その返事の意味がわからなくて困ったことがあります。マレーシア人の色の好みは日本人とは違うと思ったので、「子どもの部屋のカーテンとして、用意するにはどんな色がいいですか」と質問したのに、日本人の担当者のメールには、男性の色の好みや女性の色の好みについてたくさんの文章が書いてあって、私が質問した子どもについての答えは書かれていませんでした。何度読んでも、どの色を用意したらいいのか読み取れませんでした。

私は小さいときからインテリアが大好きだったので、得意の日本語も活かせるこの仕事につけてうれしかったのですが、これから先、こんな曖昧な日本人と一緒に仕事をしていくことができるのかどうか今はとても不安です。

語彙リスト

カーテンの販売の会社	かーてんのはんばいのかいしゃ	curtain sales company
入社する	にゅうしゃする	join the company
日本文化	にほんぶんか	Japanese culture
曖昧さ	あいまいさ	ambiguity
～を痛感させられる	～をつうかんさせられる	realize more and more
日本語専攻	にほんごせんこう	Japanese language major
レベルの高い	れべるのたかい	high level
続ける	つづける	continue
自信がなくなる	じしんがなくなる	become less confident
直接の上司	ちょくせつのじょうし	one's immediate boss
当初から	とうしょから	from the onset, at first
丁寧に	ていねいに	in a polite way
聞こえているはず	きこえているはず	be supported to hear
返事もしてくれない	へんじもしてくれない	ignore, not reply
数分経ってから	すうふんたってから	minutes later
しかも	しかも	moreover
～については何も触れない	～についてはなにもふれない	mention nothing about ～
それに	それに	in addition
詳しく教えてくれない	くわしくおしえてくれない	give less information (not answer to me)
怒る	おこる	get angry
重要な	じゅうような	important
嫌	いや	(feel) reluctant
取引相手	とりひきあいて	trading partner
担当者	たんとうしゃ	a person in charge
困る	こまる	be in trouble
色の好み	いろのこのみ	color preference
用意する	よういする	prepare
文章	ぶんしょう	sentences
答え	こたえ	answer
読み取る	よみとる	read

インテリア	いんてりあ	interior design
得意の	とくいの	good at
活かせる	いかせる	utilise
これから先	これからさき	from now on
不安	ふあん	be uncertain

086

タスクシート 📄

1. 話し合う前にまず、メモを作ってください。なお、(4)(5)は、登場人物の中から一番身近な人を一人選んで書いても構いません。

(1) それぞれの気持ちを考えてください。

```
私（アナさん）の気持ち




```

```
上司　住田さんの気持ち




```

ビジネスコミュニケーションのためのケース学習【教材編 2】

(2) この状況で何が問題だと考えますか。

(3) あなたにも似たような経験がありますか。その時、どのように行動しましたか。

(4) あなたがアナさん／住田さんだったら、このような場合どのように行動しますか。

(5) あなたがアナさん／住田さんに相談された場合、どのようなアドバイスをします
か。

2.クラスメートとペアになって（あるいはグループで）話し合ってみましょう。そ
して、話し合いの中で参考になる意見が出たり、新しい考えが浮かんだ場合はペ
ンの色を変えてタスクシート（4）（5）に書き入れていってください。

3.話し合いの内容を振り返ってください。何か気がついたことはありましたか。全
体で意見交換をしてください（プライベートレッスンの場合は先生に報告してく
ださい）。

メモ

ケースの裏側

　このケースは、さまざまな国や地域でよく言われる「日本人の曖昧さ」に、日々直面しているマレーシア人が語ってくれたことをもとに書かれています。

　アナさんは、仕事場面で日本人上司が自分の考えをはっきりと口に出して言わないことや、曖昧なメールの返答をしてくることに日々悩まされています。アナさんは自分の日本語の能力に不安はありません。しかし、いつも静かで丁寧な日本人上司の態度が理解できないことで、自分の仕事がしにくいと感じています。メールの返答にも、自分が尋ねたことへのはっきりした回答が書かれていないので困っています。

　日本人が「言わないでおこう」とする相手への配慮や「言わなくてもわかってくれる」という相手への期待は、文化的背景が異なる人々には伝わらないようです。

　アナさんが自分の得意な日本語を使って、大好きなインテリアの仕事を今後も続けていくには、わかりにくい曖昧な態度の日本人たちとどう付き合っていくのがいいのでしょうか。

case 10
板ばさみ

　私(大久保)は、マレーシアで日系のレンタルオフィスの管理をしている会社に入社して2カ月になります。大学を卒業後は日本の企業(製造業)に勤務した経験があります。現在24歳です。中国に留学した経験があり中国語(上級)と英語(中級)ができるので、現地のマレーシア人スタッフとは中国語で話すことが多いです。といっても中国語は休み時間に話す程度ですが、会社に溶け込むために、より良い人間関係を作りたいので自分から積極的に周囲の人に声をかけています。中国語ができる社員は私だけですから、マレーシア人と日本人の橋渡しになりたいと思っています。社内の雰囲気は全体的に明るく、日本人とマレーシア人(ローカル社員)とは非常にいい関係です。社長(日本人)は仕事だけでなく、社員に気遣いもしてくださるので、この社長の下で働けてうれしく思っています。

　そんなある日、私は、ローカル社員で先輩のスザナさんに相談を受けました。スザナさんは会社の受付担当です。スザナさんによると、日本人上司(山形さん)から、アプリ開発に携わるように言われて困っているというのです。アプリ開発は新規事業で、会社はこれからどんどん力を入れていく期待の事業の一つです。社長の説明では、新規事業のために新しく人を雇うと人件費がかかるので、今いるスタッフに割り振りたいと、先日の全体朝礼で話があったばかりです。

　スザナさんは、アプリ開発は会社にとっては重要な仕事だと知っていました。しかし、自分は受付業務の担当なのだから、私の仕事ではありません、と言うのです。スザナさんは社長に自分の考えを言ったほうがいいのか、それとも言わないほうがいいのかと私に聞いてきました。受付にはもう一人、若いローカル社員もいます。

私はスザナさんになんと言えばいいのでしょうか。スザナさんが自分で社長に言うようにすすめたほうがいいでしょうか。それとも、私から伝えたほうがいいのでしょうか。

語彙リスト

板ばさみ	いたばさみ	caught in a dilemma
日系	にっけい	Japanese-affiliated company
レンタルオフィス	れんたるおふぃす	rental office
管理をする	かんりをする	manage
入社する	にゅうしゃする	join the company
卒業後	そつぎょうご	after graduation
企業（製造業）に勤務する	きぎょう（せいぞうぎょう）にきんむする	work for a company (manufacturing industry)
経験	けいけん	experience
留学する	りゅうがくする	study abroad
上級	じょうきゅう	advanced level
中級	ちゅうきゅう	intermediate level
現地のスタッフ	げんちのすたっふ	local staff
～に溶け込む	～にとけこむ	integrated into ～
より良い人間関係を作る	よりよいにんげんかんけいをつくる	make a better relationship
積極的に	せっきょくてきに	actively
周囲の人に声をかける	しゅういのひとにこえをかける	talk to staff (surrounding people)
橋渡しになる	はしわたしになる	serve as bridge
雰囲気	ふんいき	atmosphere
明るい	あかるい	harmonious
ローカル社員	ろーかるしゃいん	local employees
～に気遣いする	～にきづかいする	care about ～
先輩	せんぱい	senior colleague
～に相談を受ける	～にそうだんをうける	be asked for one's advice
受付担当	うけつけたんとう	receptionist
上司	じょうし	boss, superior
アプリ開発に携わる	あぷりかいはつにたずさわる	engage in application development
困っている	こまっている	be in trouble, be confused
新規事業	しんきじぎょう	new business
力を入れる	ちからをいれる	focus on

期待の事業	きたいのじぎょう	expected business
人を雇う	ひとをやとう	employ
人件費	じんけんひ	labor cost
今いるスタッフに割り振る	いまいるすたっふにわりふる	utilise the exsitng manpower
重要な仕事	じゅうようなしごと	important task
すすめる	すすめる	recommend, advise
伝える	つたえる	tell

タスクシート

1. 話し合う前にまず、メモを作ってください。なお、(4)(5)は、登場人物の中から一番身近な人を一人選んで書いても構いません。

(1) それぞれの気持ちを考えてください。

私（大久保さん）の気持ち

先輩（スザナさん）の気持ち

（2） この状況で何が問題だと考えますか。

（3） あなたにも似たような経験がありますか。その時、どのように行動しましたか。

（4） あなたが大久保さん／スザナさんだったら、このような場合どのように行動しますか。

CASE10　板ばさみ

(5) あなたが大久保さん／スザナさんに相談された場合、どのようなアドバイスをしますか。

2. クラスメートとペアになって（あるいはグループで）話し合ってみましょう。そして、話し合いの中で参考になる意見が出たり、新しい考えが浮かんだ場合はペンの色を変えてタスクシート（4）（5）に書き入れていってください。

3. 話し合いの内容を振り返ってください。何か気がついたことはありましたか。全体で意見交換をしてください（プライベートレッスンの場合は先生に報告してください）。

メモ

ケースの裏側

　このケースは、マレーシアの日系企業で働く一人の日本人男性の経験です。マレーシアの外資系企業は基本的には英語で仕事を進めています。日本人と中華系マレーシア人が働いているこの会社でも毎日の業務は全て英語です。大久保さんの場合、英語だけでなく中国語も使えるので、マレーシア人同士のコミュニケーションにも参加できます。彼はこの自分の能力を活かして職場の人間関係づくりに貢献したいと思っています。ところが、中国語ができることでマレーシア人からの悩み相談を受けることになります。日本人上司がマレーシア人社員に割り当てた仕事に、その社員は不満を持ち、上司にその不満を言うかどうか迷い、中国語で大久保さんに相談してきました。入社間もない時期で、まだ24歳の大久保さんは、マレーシア人社員からの相談に自分がどう対応すべきか、困ってしまいます。

　海外で仕事をする上では、相手の言語を自分が使えることは便利であることに間違いありません。しかし、海外で現地語が上手だったばかりに、かえって言語ができない人よりも苦しい思いをしたということもよく耳にします。このインタビューのとき、大久保さんはこの時の経験を思い出して、自分に中国語ができなければ、こんな相談を受けることもなかったのにと言っていました。

　さて、あなたならこの相談にどう対応しますか。彼が今後もこの職場で良い人間関係を作りながら仕事をしていくには、この問題にどう対応したらいいのでしょうか。

CASE10　板ばさみ

case 01

Does this meat bun contain pork?

I had a recent experience in Japan which was quite unpleasant. It was surprising because Japan is known to be a country of hospitality and this happened in Tokyo of all places.

My name is Dini and this is the fifth year since I moved to Tokyo from my home country. I live with my husband, and my sons, who are studying at a junior high school and a high school.

I currently work for a Japanese company. I had lived in Japan in my college days, so I am used to the Japanese way of life. My goal now is to pass the N3 test (Japanese Language Proficiency Test N3). My weakness is reading Kanji, but I have never felt uncomfortable communicating in the language.

While shopping in Ginza the other day, my son got hungry so I decided to buy him a meat bun at a nearby convenience store. As you may know, being Muslims, we do not eat pork. I then asked the sales clerks if the bun that I wanted contained pork. The answer was, 'I don't know'. I wondered why they did not know. I checked other buns and asked the other sales clerks (there were five of them at that time), and I got the same reply. They appeared to be of foreign nationality, working there part-time. Their answers annoyed me and I decided to look for the manager. My son was hungry, and anything would do except pork in a bun. The ignorance of the sales clerks—their lack of knowledge about the products they were selling—irritated me. I even heard one of them tell another that I was strange, despite the fact that I spoke Japanese and could understand them very well.

'Where is the manager?' I shouted.

'I'm sorry ma'am', apologised the manager.

A manager, probably in his 50s, came and apologised for his foreign staff. However, I wondered why his staff lacked the basic knowledge of whether or not their buns contained pork. I don't want to ever go back to that convenience store again. With another foreigner calling me strange, I wonder what happened to Tokyo's hospitality. What kind of training are they given? Is Japan not a country of hospitality anymore?

case 02

Why am I doing my senior colleague's work?

I am Mai. One day, my Japanese boss, Mr. Ohno, ordered my senior colleague Melissa to make a list of catalogue products and a purchase order sheet in Excel. Melissa at the time, however, had a pile of work to do. Mr. Ohno then sent me an email to take over her work. Melissa was cc'd on the email. Mr. Ohno also knew that I was not competent in Excel. So, I did not reply to his email, but I thought about it and I decided to go see him. While I was a bit anxious and worried, he politely requested me to ask Melissa for help where necessary and complete the assigned task by 11 a.m. the next day. Melissa is very kind and it would be easy to ask her questions because we sit next to each other. I said "Okay" to Mr. Ohno and went back to my seat.I found the task challenging as there was a lot of work there that I could not do or understand. I had to frequently ask Melissa for help. With a lot of effort, I managed to submit the work on time without working overtime.

I saw Melissa bring the prepared catalogue products list and the purchase order form created in Excel to Mr. Ohno. I felt relieved that the work was finished and it was good that I got to know more about how to use Excel.

I am bothered, however, by how instructions are given at the last minute. My boss always emphasizes meeting deadlines. Every morning assembly, he tells us how important meeting the deadline was. When I was given the task, he knew way before that the Excel sheet had to be done, and that Melissa, as a fourth-year employee, had a heavy workload. He also knew that I had no experience with Excel. While deadlines are important for bosses, it is hard for subordinates to meet them if they are not given enough time to get the work done, and if instructions are lacking. I don't want to work overtime.

Although I managed to do the work this time, I can't help but wonder if I'll be able do more rush jobs on behalf of my senior colleague in the future. Will I continue to be pressured to produce output without sufficient preparation?

case 03

Was I too close?

I am Sai. I came to Japan after graduating from high school in my country. I initially attended Japanese language school for two years. After that, I continued studying at a Japanese university. I started a part-time job because I thought that I would like to know more about Japanese companies during my university days. My part-time job is selling products in a department store. In this job, I learn new things every day, so I think that it is a very good place for someone like me. However, what happened the other day was totally unacceptable. There are three people on my team: Ms. Takahashi, the store manager, Ms. Wada, a full-time Japanese employee, and me. Since this work just requires two people at a time, I rotate between working with either of them as scheduled. Ms. Wada and I are of similar age, so I find it more comfortable and enjoyable working with her.

The other day, I worked with Ms. Wada serving some customers. Since I wanted to learn more, I stood close by and paid attention to her interactions with customers. During our free time, I chatted with her as well.

The following day, the manager called to my attention that Ms. Wada felt uncomfortable because I stood too close to her while she was attending to the customers. I explained that I was not standing that close and that I had actually been observing how she deals and talks with customers.

My conversations with the Manager were as below:

Manager : Sai-san, I was told that when Ms. Wada attended on customers yesterday, you stood too close by her side. Being too close could make customers feel uncomfortable.

I : Really? Was I too close?! I wanted to learn how to serve customers by standing close and listening to the conversations between Ms. Wada and customers.

Manager : I thought so too, and told Ms. Wada that that must have been the reason. But I don't know how close it was because I was not there. Well, if it was too close, not only the customers, but also Ms. Wada might have felt uncomfortable.

I : I don't think it was too close; it was just enough distance to listen to the conversations. But if I had annoyed to the customers and Ms. Wada, from now on, I will be more careful.

Since Ms. Wada and I are on good terms, I would like to believe that she did not talk behind my back. It bothered me that instead of telling me directly, Ms. Wada chose to communicate her concerns to the Manager. I am worried that if I stand too far from her next time, I won't be able to catch her words. What should I do?

case 04

What does the company expect of me?

I am Alex. After graduating from a Japanese university, like other Japanese students, I got a job at a major Japanese company, and I started enjoying my working life with various dreams and anxieties. My Japanese colleagues who joined the company in the same year are all excellent employees. During the half-year of training, I started having a hard time because I was the only non-Japanese person there and it was hard to follow my colleagues. Nonetheless, I overcame various difficulties and finally, I got assigned to a post. Recently though, something that one of my colleagues said really shocked me, and it hasn't left my mind since.

When I first joined the company, I was assigned to the same division as two other Japanese colleagues. The three of us were all assigned to different teams, but in spite of this, my boss, Mr. Yamada, would constantly compare us. Since I was a trainee, I felt like I'd never measure up to my Japanese colleagues because of Japanese language as well as expertise and knowledge. I just ignored his remarks.

Because I am a foreigner with a different culture and language, I cannot compete in the same ring with Japanese people. So, in order to raise our motivation and achieve good work results, I thought it would be better for us to be on good terms instead of having a mindset of rivalry, and to work in cooperation while helping each other out where necessary. Of course, I never wanted to cause trouble to the organisation, so in the first year, I worked extra hard and made efforts more than Japanese people.

However, in my second year of employment, I heard astonishing words from a colleague and I began to worry with shock and anger about what I should do in the future.

My colleague, Mr. Kono, told me that he envied me because I was popular like the female workers and I was getting a lot of attention at work. He also said that it would be hard for him to receive a high evaluation, but I, being a foreigner, can more easily stand out. I could not understand. I had been making extra hard efforts because my boss often compared me with my Japanese colleagues, but other workers thought I was popular and getting a lot of attention not because of my own effort, but because I am a foreigner.

What does the company expect from me? I assume that evaluation by our bosses would affect our salary levels in the future. I don't know how to work hard in the future unless the company clarifies standards for evaluation. In any case, I have never hoped to be evaluated leniently on account of being a foreigner. I would like people at my company to understand and appreciate my efforts and hardships a little more.

My boss, Mr. Yamada, has been thoughtful in various respects so far, so maybe I should not complain, and to be honest, I don't know how much I should be voicing my concerns.

case 05

Only four minutes left!

I am Shu. I finished Japanese studies at a Chinese university. I came to Japan last September to continue studying at a graduate school specialising in welfare. I got a part-time job starting in May of this year, working at a hotel front desk.

My Japanese language skills are not good compared to the other foreign employees who joined the company at the same time that I did. This inefficiency makes my job challenging. Thankfully though, my senior colleagues are supportive and they go the extra mile to help me out. Besides, there is a Korean colleague who is quite fluent in Japanese who also helps me out.

However, I have noticed recently that I always come to work full of energy, and then head home feeling depressed. There was even an incident last week which really made me mad. I felt that it might be a good enough reason for me to quit this job.

It was a full, busy day. I didn't recall taking a break that day. It was four minutes before the end of the workday so I absent-mindedly waited for the four minutes to pass. Just then, a junior colleague (full-time employee, younger than me), Ms. Sagawa, came and saw me doing nothing. She asked if I could do something and went on to show me how to string some sheets of paper together. But then I thought about it and I told her that since it was an easy job, and we already had enough stringed sheets of paper for the next three days, it was not urgent. In addition, the workday will end in four minutes anyway, so I was not going to do it right then. She answered in quite an arrogant way that I should do it since it was not 5 p.m. yet. I felt very uncomfortable, so I went home without doing the work.

Many full-time employees, seniors of part-time employees, and associates have given me tasks. However, there was nothing that made me feel as unpleasant as this. Why is there no flexibility even for four minutes? My salary is lower than that of full-time workers, but I am busier than they are. Besides, is it not strange to be ordered around by an ordinary full-time employee?

I have these three concerns in my mind now:

1. Should I quit this part-time job?
2. Should I tell Ms. Sagawa that I dislike her attitude and the way she talks to me?
3. I would like to avoid her as much as possible, but what should I do if she makes contact with me as if nothing happened?

case 06

Because the company is farther away than I thought!

I am Lisa. I had been studying Japanese for four years at a university in my home country, Malaysia. When I was doing my university studies, I had one year experience as an exchange student in Japan.

Three months after graduation, being fluent enough in Japanese, I landed a job at a Japanese-affiliated company dealing with home appliances.

My job is primarily focused on handling the product catalogue and translations from English to Chinese since I am also fluent in Chinese.

Three months on the job, and already I have some reasons for wanting to quit or find another job opportunity. For one, commuting to and from the company takes about an hour. From my house, I have to take a train to the city. And then, from the train station, I need to take a cab to the office.

In Malaysia, people get a cab using a smartphone application. However, it is a different story here in my work area, where the waiting time for the cab can be long especially on rainy days or at peak hours. On top of this, the cab fares can be expensive and the company does not pay the cab fare.

Additionally, contrary to my expectations, I cannot utilise my Japanese language skills at work. The translation work that I am assigned to do is not very frequent. As I wanted to put my Japanese language to use, I started helping out in customer service without the knowledge of my boss.

I recently got reacquainted with a senior from my university, Ms. Miruba, who has been working for five years for a Japanese-affiliated temporary staffing company. In Malaysia, people usually change their job every two to three years, but she has been with the same company for quite a long time, and she said she wanted to stay with the company as the work was rewarding.

Ms. Miruba asked me, 'How have you been doing?'

'I am thinking of changing my job', I replied.

Ms. Miruba was taken aback and asked me about the reasons. I explained to her all my challenges starting from the issue of commuting to not being able to use Japanese in the company. I thought she would stand by me, but her response was so unexpected.

'But, you knew it before joining the company, didn't you?' asked Ms. Miruba.

I was puzzled. Since when has she become such a cold person?

case 07

Are you going to continue working after you get married?

I got uncomfortable with these questions that my boss asked me at my workplace in Japan. At the same time, I wondered if the day when women will be able to participate actively in Japanese society will ever come, and started to feel sorry for them.

I am Diviya, and this happened when I was working at a company's laboratory in Japan. Five people belonged to my department. There were Japanese men (three bosses), a Japanese woman (colleague), and me (the only foreign woman). Everybody had completed higher education at a Japanese or foreign university. For me, the work was interesting, and the company's business performance and atmosphere were not so bad.

When I told my bosses and colleagues that I was going to get married, my bosses asked me whether I would still continue working even after I get married. Someone even asked me why I wouldn't be quitting. Those sounded like innocent questions, possibly asked out of curiosity. For me, however, they were very private questions. I started to feel a bit uneasy after that incident.

First of all, Japanese bosses don't talk about their families. I didn't know whether they had children or not. I thought that it was strange that they did not talk about their families at all. This must be a norm in Japanese companies. But why do they ask me a lot of questions about my private life? Is it because I am a foreigner? They must think that it is not a problem to ask foreigners these questions.

Where I come from in Turkey, it is very common for women to continue working after getting married. I completed graduate school and I have wanted to pursue my career practicing what I learned. I have worked hard to establish a career for myself, so I don't want to quit that easily.

In the past, I heard my bosses ask a Japanese woman the same question. Why do they talk about these private matters? Whether you work or not after marriage is a personal choice. In addition, I already introduced my Turkish fiancé to the people at my workplace, so I think they had a fair idea that my fiancé is supportive of my work.

Will the day come when Japanese women can demonstrate their abilities in the workplace in Japan without having to face these questions?

case 08

I want to improve my work competency!

I am Yasmin. I joined a Japanese-affiliated company in Malaysia two years ago. My major in university was Japanese. At work, I am in charge of the relations concerning Japanese companies, and surveys targeting the Japanese market. I was initially fine with my task, but recent events made me feel like it will be hard to have any sort of advancement in my line of work.

My team is comprised of four people, with Mr. Nakagawa as the chief. The rest of the team are Malaysians: a first-year junior colleague, a fifth-year senior colleague, and me. All the Malaysians on our team are very good at Japanese language and have no problem working on the team. However, since I was the only one who spent a year living in Japan, my seniors and juniors often come to me with questions about Japan, its people, and their way of life.

When I first joined the company, I found that the Japanese people were very polite and very keen on details when it comes to working. I realised early on that I have to learn to be punctual, as well as to pay good attention to details. Mr. Nakagawa trained me about rules and work methods quite well, until they became almost second nature to me, and now I can correct simple careless mistakes by myself. Lately, the volume of work has increased so much that I tend to skip and forget details and rules, and just focus on getting the job done quickly.

Despite the rise in work demand and my heavy workload, Mr. Nakagawa remains strict and still monitors accuracy. Whenever he spots a mistake, he points it out exactly the same as before. He keeps checking on me again and again to make sure I have made corrections. He has gone as far as to point out that I missed the word of "thanks" in an email and advised us to always cc him in communication threads.

'Ms. Yasmin, the word "thank you" was missing in the previous email, and in the next email, please apologise for that', Mr. Nakagawa commented. To always cc Mr. Nakagawa, of course, would make things more complicated as one can expect very detailed feedback and corrections on the matter. I want to be able to do more work instead of focusing on trivial things which would hinder my work progress.

If Mr. Nakagawa could be a little less demanding and picky, I believe that I could improve my work competency...

case 09

I just want a straightforward answer...

I am Ana. Four months ago, I joined a curtain sales company in Malaysia. Since I graduated from university with a Japanese major, I am very fluent in the Japanese language. Lately, I realise more and more the kind of Japanese ambiguity that I used to hear about during my studies in my Japanese language classes and Japanese culture classes.

My immediate boss is a Japanese man around the age of 40, called Mr. Sumida. At first, he advised me that if there's anything at all that I am unclear about, I just have to let him know and he will gladly explain things to me in detail. However, what has been happening so far has been far from this ideal. It seems that there is a gap in our communication. I sometimes ask him questions, which he appears not to hear or just ignore. Seconds later, he'd ask me what my question was. His replies are often short and lacking in detail. I am not sure whether the reason for not answering me is that he is frustrated about my poor understanding of Japanese or that he does not find my questions to be so important. I feel reluctant to ask him any more questions for fear of making an impression that my Japanese level is low.

Also, it seems that I have trouble understanding email exchanges with our Japanese trading partners. I don't seem to understand the meaning of their replies. At first, I believed that Malaysians and Japanese might have different colour preferences. I once emailed a partner asking to choose a colour for the curtains in the kids' room. The reply went on and on to describe male and female colour preferences, but nothing on kids' colour preferences. No matter how many times I read and reread the email, I still could not figure out which colour to pick for the kids' room.

I've always loved interior design, so I was really happy to have this job. It was an added value that I could also utilise my skills in Japanese. However, I am uncertain now whether I can really work with such ambiguous Japanese people.

case 10

Caught in a dilemma

I am Okubo, a 24-year-old Japanese national. It has been two months since I joined a Japanese-affiliated company managing rental offices in Malaysia. I worked in the manufacturing industry in Japan after graduating from a Japanese university. Prior to working, I had an experience studying and living in China, so I speak very fluent Chinese. I also speak good English. At work, I use Chinese to speak to the Chinese-Malaysian staff because I want to create an amicable atmosphere in the company. I especially enjoy talking to them in Chinese during break time. By doing so, I am hoping to serve as a bridge between the Malaysian and Japanese staff, as I am the only Japanese employee who can speak Chinese.

The working atmosphere in the company is harmonious in general and the Japanese and Malaysian employees are on good terms. The company President, who is Japanese, does not only care about work, but also about the employees. Thus, I am very happy to be working with him.

One day, my senior colleague Suzana, a local employee, asked for my advice. She is a receptionist at the company. According to Suzana, she was confused as her Japanese boss, Mr. Yamagata, informed her that she would also engage in application development, a new business which the company will focus on in the coming years. It is the President's decision to utilise the existing manpower to save on labour cost, and as such, Suzana was tapped to take on another responsibility.

While Suzana understands the importance of the new task assigned to her, she feels that it is a job that she is not trained to do as a receptionist. She asked me whether or not she should express her opinion to the President. Another young local employee also serves as a receptionist. I wonder what to say to Suzana. Should I advise her to talk directly to the President, or should I do it on her behalf?

Task sheet

(1) Please think about each person's feelings.

> The feelings of _____

> The feelings of _____

> The feelings of _____

(2) What do you think is the problem in this situation?

(3) Have you had similar experiences? At that time, what did you do?

(4) If you were _____ (name of person) in this case, what actions would you take to solve the problems?

(5) In the case that _____ (name of person) asks for your advice, what advice would you give?

近藤彩（こんどう あや）

―

麗澤大学大学院言語教育研究科・麗澤大学外国語学部 教授

―

専門は日本語教育学専門は日本語教育学、ビジネス・コミュニケーション。お茶の水女子大学大学院博士後期課程人間文化研究科比較文化学専攻修了（博士　人文科学）。

主な著書に『日本人と外国人のビジネス・コミュニケーションに関する実証研究』（ひつじ書房）、『課題達成のプロセスで学ぶビジネスコミュニケーション〈改訂新版〉』（共著、ココ出版）、論文に「ビジネスにおける異文化間コミュニケーション―日本語での会議は非効率か」（『講座 社会言語科学1　異文化とコミュニケーション』、ひつじ書房）、「日本語非母語話者と母語話者が学びあうビジネスコミュニケーション教育―ダイバーシティの中で活躍できる人材の育成に向けて」（『専門日本語教育研究』第16号、専門日本語教育学会）などがある。

金孝卿（きむ ひょぎょん）

―

早稲田大学日本語教育研究センター 准教授

―

専門は日本語教育学。お茶の水女子大学大学院博士後期課程人間文化研究科国際日本学専攻修了（博士　人文科学）。

主な著書に『第二言語としての日本語教室における「ピア内省」活動の研究』（ひつじ書房）、共同執筆に『日本語教授法（第8巻）書くことを教える』（国際交流基金）、『課題達成のプロセスで学ぶビジネスコミュニケーション〈改訂新版〉』（共著、ココ出版）がある。

池田玲子（いけだ れいこ）

―

鳥取大学国際交流センター 教授

―

専門は日本語教育学。お茶の水女子大学大学院博士後期課程人間文化研究科比較文化学専攻修了（博士　人文科学）。

主な著書に『ピア・ラーニング入門　創造的学習のデザインのために』、『ピアで学ぶ大学生の日本語表現　プロセス重視のレポート作成』（以上共著、ひつじ書房）、『日本語教育の過去・現在・未来　第2巻　教師』、『ことばの教育を実践する・探究する　活動型日本語教育の広がり』（以上共著、凡人社）がある。

翻訳

英語
—

パラダ・ハコ・ロクサナ・ジャニラ
鳥取大学国際交流センター特任准教授

アハマド・ヒルミ・モハメド・ノア
マラヤ大学人文学部講師

多田苗美（ただ なみ）
麗澤大学大学院言語教育研究科博士課程（前期）

中国語
—

龔雪（きょう せつ）
麗澤大学大学院言語教育研究科博士課程（後期）

韓国語
—

金孝卿

＊中国語、韓国語の語彙リストをココ出版のホームページ
（www.cocopb.com/casemethod2/）にて公開中

——

ビジネスコミュニケーションの
ためのケース学習
職場のダイバーシティで学び合う
【教材編2】

2019年9月10日　初版第1刷発行

——

著者 ———————	近藤彩・金孝卿・池田玲子
発行者 —————	吉峰晃一朗・田中哲哉
発行所 —————	株式会社ココ出版
	〒162-0828　東京都新宿区袋町25-30-107
	tel　03-3269-5438　fax　03-3269-5438
装丁・組版設計 ——	長田年伸
装画 —————	霜田あゆ美
印刷・製本 ———	モリモト印刷株式会社

——

定価はカバーに表示してあります
ISBN 978-4-86676-018-6
© Kondo, A., Kim, H., & Ikeda, R. 2019
Printed in Japan

ココ出版の日本語教材

**ビジネスコミュニケーション
のためのケース学習**
職場のダイバーシティで学び合う【教材編】

近藤彩・金孝卿・ムグダ ヤルディー・福永由佳・池田玲子 著
ISBN 978-4-904595-37-4　1,600円＋税

**ビジネスコミュニケーション
のためのケース学習**
職場のダイバーシティで学び合う【解説編】

近藤彩 編著　金孝卿・池田玲子 著
ISBN 978-4-904595-28-2　1,600円＋税

**留学生のための
ケースで学ぶ日本語**
問題発見解決能力を伸ばす

宮﨑七湖 編著
江後千香子・武一美・田中敦子・中山由佳・村上まさみ 著
ISBN 978-4-904595-77-0　1,800円＋税